KB126762

대한독립 대장정

 대장정

초판 1쇄 인쇄 2021년 2월 15일
초판 1쇄 발행 2021년 2월 25일

저   자 | 김주용
발행인 | 윤관백
발행처 | 도서출판 선인

영   업 | 김현주

등   록 | 제5-77호(1998.11.4)
주   소 | 서울시 마포구 마포대로4다길 4 곳마루 B/D 1층
전   화 | 02) 718-6252/6257
팩   스 | 02) 718-6253
E-mail | sunin72@chol.com

정   가 18,000원
ISBN 979-11-6068-437-7 03900

· 잘못된 책은 바꿔 드립니다.

이 저서는 2017년도 정부(교육부)의 재원으로 한국연구재단의 지원을 받아 수행된 연구임.
(NRF-2017S1A6A3A02079082)

대한독립 대장정

김주용

도서출판 선인

베이징시

스자좡시

한단시

옌안시

시안시

푸양시

우한시

창사시

첸조우시

샤먼시

광저우시

포산시

◆ 일러두기

• 중국의 지명은 성(省)과 시(市)까지만 현지 발음으로 표기하였음.

2020년 한국독립운동사 관련기관 및 단체들은 큰 기념행사를 많이 준비했지만 COVID-19로 거의 모든 행사가 현장이 아닌 국내에서 축소된 형태로 진행되었다. 봉오동 전투, 청산리 대첩 100주년이자 독립전쟁 선포 100년이 되는 해이지만 역사적 공간인 중국 옌변지역이나 상하이지역은 아예 갈 엄두를 못냈다. 그 뿐만 아니다. 국경을 초월한 전염병의 맹위는 지금까지 쌓아온 인간의 신뢰관계 마저도 위협하고 있다. 지구에 살고 있는 인간의 '작은 역사'는 지구의 다른 생명체와의 공생을 모색하는 단계에 접어든 것 같기도 하다.

19세기말 20세기 중반까지 동북아 지역은 제국주의 광풍에서 자유롭지 못했다. 우리 민족사에서 일제강점기는 암울했던 시기라고 일컫는다. 이민족의 지배로 인한 한국사의 시간과 공간이 송두리째 변형된 시기이기도 하다. 하지만 한민족의 저력은 여기에서도 빛을 발했다. 나라를 되찾기 위한 힘든 여정을 마다하지 않은 독립운동가들이 여기 저기에서 그들의 숨은 열정을 발휘하였다. 안중근이 그러했고, 윤봉길과 김구도 그러했다. 나를 버리고 우리를 살리는 길, 정의와 공의를 목숨과 같이 여긴 그들이 있었기에 오늘의 우리가 존재하는 것은 아닌가. 다시 말해 나를 버리고 온전히 죽음을 두려워하지 않는 삶이 바로 독립운동의 소중한 자산이자, 우리의 중요한 문화유산이다. 이들이 행했던 자유와 평화의 여정, 힘겹게 개인의 안위를 포기했던 그 여정을 후손들이 하나하나 따라 걷고자 한다. 이것이 바로 우리가 소중하게 보듬어야 할 정신적 지주이자 미래를 설계하는 자양분이기도 하다.

이 책은 선열들이 미래를 위해 남긴 과거의 외침을 고스란히 따라가면서 우리의 현재는 어떠한지 한번쯤 되새겨 보자는 취지에서 쓴 것이다. 그 길은 먼저 시안(西安, 옛 장안)과 옌안, 한단 그리고 베이징 루트이며, 두 번째는 광둥성과 푸젠성이고 마지막은 후난성 창사, 후베이성 우한, 안후이성 푸양과 린촨이다.

새로운 역사적 사적지를 찾아 떠나는 길은 항상 설렌다. 비록 그곳에 기록의 역사만 남아 있고 공간의 역사가 사라져 있다고 해도 말이다. 이 책의 처음에 등장하는 지역은 시안이다. 시안은 중국인들에게는 전통왕조의 수도이자 문화재의 보고(寶庫)로 각인된 곳이다. 진시황릉, 양귀비와 현종의 이야기가 있는 화청지 등 수없이 많은 문화재들이 그곳에 있다. 뿐만 아니다. 당나라 시기 신라의 고승 원측의 스승인 현장 법사의 고찰 홍법사(興法寺)가 있는 곳이기도 하다. 홍법사에서 불과 5km 떨어진 곳에 한국광복군 제2지대 활동지가 있다. 고대부터 현재까지 시안은 한국과 밀접한 관계를 맺고 있다. 시안을 본격적으로 답사하기 시작할 때 시안박물원 관계자들의 도움을 많이 받았다. 이들은 시안지역 답사뿐만 아니라 옌안까지 힘든 여정을 이끌어주었다.

시안에서 북쪽으로 300km 떨어진 곳에 위치한 옌안은 중국 혁명의 성지로 알려져 있다. 답사단은 중국혁명가들과 함께 활동했던 한국의 혁명가들을 만나기 위해 거침없이 옌안으로 달려갔다. 거기에는 정율성도 있었다. 70여 년 전 옌안에서 중국 혁명가들의 가슴을 뛰게 했던 옌안송은 정율성이 작곡한 곡으로 중국의 국민가요로 한 때 애창되었던 노래이다. 해마다 10월 1일 중국의 국경절 행사 때 들리는 노래가 바로 정율성이 작곡한 '중국 인민해방군가'이다. 한반도의 남부 지방인 광주에서 태어나 전주의 신흥중학을 다닌 정율성은 조국의 독립을 위해 중국으로 건너가 활동했지만 해방 후 고향으로 돌아오지 못했다.

시안과 옌안을 답사하고 다음은 조선의용대원들이 피를 흘렸던 태항산으로 갔다. 그곳에는 아직도 조선인을 기억하는 중국인들이 있으며, 당시 희생당한 독립군 묘역도 잘 보존되어 있다. 그 가운데 윤세주와 진광화 묘역은 한국인뿐만 아니라 중국인들도 찾는 명소가 되어 있다. 태항산에서 스자좡을 거쳐 베이징으로 오는 코스는 이제는 한국의 탐방단들에게는 많이 알려져 있다. 베이징에는 이육사 순국지를 비롯하여 현재 베이징동물원 안에 위치한 베이징군사통일주비회 건물도 확인할 수 있었다. 하지만 아쉽게도 우당 이회영과 단채 신채호 선생의 활동유적은 정확한 지점을 비정할 수 없었다.

두 번째 답사코스는 광둥성 광저우와 푸젠성 첸저우와 샤먼이었다. 중국 근대 문물의 창구이자, 중국인에게는 치욕의 흔적이 남겨진 곳이다. 이곳에서 신규식을 비롯한 독립운동가들이 활동하였으며, 김원봉을 비롯한 젊은 청년들이 강력한 무력투쟁을 전개하기 위해 찾았던 황포군관학교에서 수학하였다. 김근태, 안태와 같이 중국의 혁명에 참가했다가 목숨을 바친 이들의 묘역도 찾아다녔다. 1938년 7월에 머물렀던 대한민국임시정부청사 건물도 찾았다. 광둥성과 인접한 푸젠성은 처음 답사단이 조사한 지역이다. 이곳에서는 인삼을 통해 독립운동자금을 제공했던 이들의 활동지와 아나키스트들이 중국인들과 공동으로 항일투쟁했던 장소를 찾아 다녔다. 쉽지 않은 여정이지만 새롭게 찾아낸 사적지를 대할 때면 독립운동가들에 대한 미안함의 무게가 조금이

나마 줄어든 느낌도 들곤 하였다.

세 번째 답사 코스는 중국 후난성 성도인 창사와 후베이성 우한, 안후이성 푸양과 린촨이었다. 후난성 창사는 대한민국 임시정부가 중일전쟁의 화마를 피하면서 머물던 곳이었다. 1937년 7월 7일 일제가 베이징의 노구교(蘆溝橋)를 공격하면서 발발한 중일전쟁이 대한민국 임시정부에게는 한중 공동항일투쟁의 서막이었다. 중국 국민정부의 수도였던 난징은 더 이상 안전하지 않았다. 일본군의 예기치 않은 빠른 진격으로 대한민국 임시정부는 황급히 후난성 창사로 이전해야 했다. 후난성 창사에서 자리잡고 있던 임시정부는 장쑤성 전장에서 온지 불과 8개월 만에 다시 짐을 꾸렸다. 그 황급한 모습을 그리면서 창사의 곳곳을 답사하였다. 1938년 5월 남목청 사건으로 목숨이 경각에 이를 정도의 중상을 입었던 김구의 활동지가 복원되었으며, 그가 치료받았던 상아의원도 그대로 남아 있다.

후베이성 우한에서는 조선의용대가 1938년 10월 10일 성립 축하식을 거행한 장소를 찾았다. 1911년 10월 10일 신해혁명의 도화선이 되었던 무창봉기일은 대륙이나 타이완 사람들에게는 각별한 날이다. 이른바 쌍십절이라 칭한 이 날은 새로운 역사가 시작된 다는 점에서 중국인들에게 기념일로 각인되어 있다. 우리에게는 독립군이었던 조선의용대가 성립된 날이며, 이봉창 의사가 순국한 날로 기억된다.

푸양, 린촨은 한국광복군 제3지대의 활동지역이었다. 그리고 한국광복군에게는 전방지대였다. 그곳에서는 한국광복군 제3지대원들이 훈련했던 장소를 찾아 다녔다. 1940년 9월 17일 대한민국임시정부 요인들이 새벽부터 움직였다. 일본군의 공습을 피하기 위하여 일반적인 행사 시간이 아닌 새벽을 택했던 것이다. 아침 7시 충칭(重慶), 당시의 고급 호텔인 가릉빈관에서 열린 한국광복군 성립 전례식장 정문에는 태극기와 중국의 청천백일기가 교차 게양되어 있었다. 이렇게 한국광복군이 탄생된 것이다. 푸양과 린촨은 제국주의 일본군과 대치하고 있는 최전방이었다. 그곳에서 한국광복군들이 훈련하였고 제3지대를 조직하였다. 기회가 된다면 한국광복군 로드를 써볼 작정이다.

이 책이 나오기 까지 중국 곳곳에서 귀인들의 도움을 받았다. 그들의 헌신적인 도움으로 이 책이 나오게 되었음에 감사를 드린다. 또한 독립기념관 재직시절의 많은 경험을 절대 잊을 수 없다. 특히 이 책의 출간은 선인출판사 윤관백 사장님의 헌신적인 지원이 없었으면 불가능하였다. 다시 한번 감사를 드린다. 답사기의 장점을 최대한 살린 편집실 박애리 실장님과 교정을 꼼꼼하게 봐준 원광대 한중관계연구원 동북아인문사회연구소 손유나 선생님께 감사의 말씀을 드린다. 그리고 옆에서 묵묵히 바라봐 준 인생의 동반자 각시에게도 진심으로 감사의 마음을 전힌다.

2021년 2월
전북 익산 원광대 연구실에서
김 주 용

01

시안에서
베이징까지

중국 수도의 상징
시안(西安)

길에 대한 예의

　　　　　　2012년 6월 17일 일요일 아침 6시, 조용히 짐을 챙겨 집을 나섰다. 중국 지역의 한국독립운동사적지 실태조사를 떠나온 지도 어언 10여 년이 흘렀다. 2주간의 여정, 약 3,500킬로미터의 이동거리. 이제는 지칠 만도 한데, 나는 오랜 친구를 만나기라도 하듯 이내 현관문을 박차고 나왔다.

　이번 답사는 한중우의 20주년 기념으로 계획되고 진행되었다. 1992년 8월, 40여 년간 단절되었던 소통의 물줄기를 트고 난 후 20년, '상전벽해'라는 말은 이때 쓰는 것이리라. 서울역에 도착한 후 항공사 카운터에서 충칭대한민국임시정부청사의 이선자 부관장이 부탁한 한국의 전기밥솥을 부치자 마음이 한결 가벼워졌다. 사실 1970년 타이완 해도 한국인들은 일본 관광을 하고 오면, 일명 '코끼리밥솥'을 사가지고 귀국하곤 했다. 그런데 이제는 그 위력이 뒤바뀐 듯하다. 한국 밥솥, 그중

▲ 시안 병마용

에서도 '쿠쿠'는 요즘 중국인들 사이에서 인기 있는 주방용품이 되었
다.

중국 관내지역의 사적지 조사는 2002년 독립기념관과 한국근현대사
학회에서 본격적으로 진행하였다. 물론 한중수교 이전에도 단일팀들이
대한민국임시정부 및 한국광복군관련 사적지를 답사한 적이 있다. 하
지만 세월이 너무 흘렀다. 중국의 빠른 변화 속에서 공간의 흔적은 남
아 있을 틈이 없어 보였다.

인천공항행 직통열차는 한차례 작은 소음을 내면서 공항을 향해 빠
르게 질주하고 있다. 서울에서 인천공항까지는 약 43분. 하지만 이 열
차를 탈 때마다 느끼는 것은 승객이 많지 않다는 점이다. 물론 내가 열
차를 이용하는 시각이 항상 이른 아침이어서 그런지도 모르겠다. 그만
큼 공항을 이용하는 데는 이력이 났지만, 아직도 이해되지 않는 부분이
많은 것 또한 사실이다.

일행과 약속한 8시가 되었
다. 사진전문가 지영철 선생이
먼저 나와 있었다. 답사 때 중
요한 것은 팀워크이다. 지영철
선생은 중국을 처음 여행한다
고 했다. 콧수염을 멋지게 기
른 그의 모습에서 내공이 엄
청난 예술가의 포스가 풀풀
풍겼다. 마지막으로 주계운 선

▲ 서안으로 갈 때 비행기안

생이 자신보다 큰 가방을 끌고 나타났다. 이제 수속만 끝내면 당나라의
수도인 장안(시안)에 도착하는 일만 남았다. 시안행 비행기는 오늘따라
손님이 많지 않았다. 조금 의아해서 지나가는 승무원에게 물었더니 오
늘은 60여 명이 탑승했다고 한다. 인천공항에서 시안까지 비행시간은
약 2시간 40분. 지영철 선생과 주계운 선생은 각자 맡은 일을 점검하고
있었다. 열정적이었다. 지영철 선생은 글을 쓰고 있는 내 모습도 카메
라에 담겠다며 연신 셔터를 눌러댄다. 열정을 가진 자만이 느낄 수 있
는 또 하나의 희열은 창조가 아닐까.

시안에서 한중우의를 논하다 1
– 그 고도(古都)의 열정

　　　　　　한국 시간보다 1시간 늦은 중국 시간으로 11시 40분, 비행기는 시안 시엔안(咸安)국제공항에 사뿐히 안착했다. 시안은 우리에게 어떤 곳인가. 벌써 세 번째 내리는 시안공항. 중국 핸드폰의 전원을 켜고 이선자 충칭임정청사 부관장에게 연락을 취했다. 이 부관장은 공항에 1시간 전에 마중나와 있었다. 그는 역사에 대한 공부를 늦게 시작했지만, 그 열정만큼은 지금 누구보다도 맹렬한 여성이다. 한중 양국의 공동항일투쟁사를 복원하는 데 있어 그의 열정은 가히 타의 추종을 불허한다. 늦은 점심을 뉴로미엔(소고기 국수)으로 허기를 달랜 후 바로 두곡진으로 차를 재촉했다. 중국의 국수 사랑은 전 세계적으로 유명하다. 특히 산시성(陝西省)과 산시성(山西省)은 중국내에서도 국수로 유명한 곳이다. 공항 어디에서나 소고기 국수집을 볼 수 있을 정도이다. 청경채의 상큼한 맛이 아직까지 입 안을 맴돌고 있었다.

　1939년, 독립운동가들은 나라를 찾아야겠다는 일념으로 이곳에 둥지를 마련했다. 우리는 먼저 한국광복군 제2지대의 본부가 있었던 장안구 두곡진으로 방향을 돌렸다. 차로 이동하는 내내, 다들 피곤했는지 연신 졸음으로 고개를 끄덕이고 있었다. 한국광복군의 탄생과 총사령부 그리고 각 지대의 현황은 한시준 교수나 김광재 박사 등에 의해 상세하게 밝혀졌다.

　한국광복군 총사령부가 충징으로 이동한 후, 시안에는 세2시내가 남아 활동했다. 제2지대 두곡진의 상황을 장준하의 눈을 통해 살펴보자.

정확히 세 시간 만에 우리가 내린 곳은 시안비행장이었다. 4월 기후가 이 낯선 중국 땅에서도 춘풍을 불어다 주었고 오후 2시의 비행장 활주로엔 아지랑이가 풀밭 위에서 아른대고 있었다. 역시 미군트럭이 대기하고 있었다. 우리는 다시 이 트럭으로 비행장에서 서북방 16킬로 거리의 길을 달렸다. 목적지는 두곡. 중국에서는 불교 관계로 너무나 잘알려져 있는 종남산을 서쪽으로 약 30리 앞두고 바라다볼 수 있는 한적한 동리다. 이곳은 이범석 장군이 지휘하는 광복군 제2지대의 본부가 있었던 곳이었다. 낯선 땅은 어디나 조심스러웠다. 우리가 들어선 병영은 오래된 절간을 내부개조한 것이라고 했다. 트럭이 들어서자, 백팔십여 명의 한국인 동지들이 일제히 밖으로 뛰어나와 박수로 우리를 환영해 주었다(장준하,『돌베개』, 275~276쪽).

시안에서 한중우의를 논하다 2
– 한국광복군의 발자취

한국광복군 제2지대는 두곡진에서 3년간 활동했으며, 광복군의 활동을 언론에서 지면을 할애할 정도였다. 그들은 1944년 중국 부상병을 위로하고, 3·1절을 기념하기 위해 시안 양부가(梁府街) 청년당에서 가극 ≪아리랑≫을 공연하는 등 중국인들과의 소통을 위해 힘썼다.

시안 시내에서 두곡진까지는 약 20여킬로미터, 운전기사는 한족이었는데, 웃음이 많은 사람으로 보였다. 두곡진으로 가는 도중 주계운 선생은 계속해서 단발마의 외마디를 외치고 있다. 차량의 곡예운전에 익숙하지 않은 한국인들의 습성이리라. 마침내 두곡진에 도착했다. 한국광복군 제2지대 본부가 있던 곳. 두곡진 양곡창고는 한국광복군 관

련 인사들에게는 아주 익숙한 곳이다. 시골 어른들의 환대는 한국이나 중국이나 마찬가지인가 보다. 경비로 보이는 분은 연신 우리에게 어디서 왔는지, 들고 있는 물건은 무엇인지 등을 캐물었다.

지영철 선생은 카메라를 들고 포스 있게 이곳저곳을 담아낸다. 주계운 선생은 동영상을 찍느라 비지땀을 흘린다. 약도를 그리고 새롭게 관제묘를 중수했다는 곳을 찾았다. 마침 그곳에는 장지평(張志平, 76세)이라는 현지 노인이 우리의 행동 하나하나를 유심히 살펴보다가 "어디에서 왔소"라고 물으며 이방인들에 대해 관심을 보였다. 한국에서 왔다고 하니, 대뜸 "한국의 김선생도 예전에 왔소이다"라고 한다. 그 '김선생'은 김준엽 선생을 가리키는 것 같았다. 노인은 한국광복군 제2지대 터에 대한 새로운 증언도 했다.

"원래 관제묘였는데 규모가 아주 컸어요. 큰 건물도 3개 정도 였지요."

"그런데 언제 관제묘가 사라지고 지금과 같은 양곡창고가 들어섰나요."

"아마 1961년 또는 62년경이라고 생각되오. 이미 1958년부터 철거위기에 봉착하다가 그렇게 된 거지요."

그렇다고 한다. 2002년 독립기념관 실태조사시에도 양곡창고가 관제묘였다는 표현은 없었다. 연이어 노인은 이범석 장군에 대해서도 언급했다. 그가 살고 있던 숙소도 알고 있다고 했다. 이곳에는 그야말로 한국광복군들이 생활했던 공간의 역사가 고스란히 남아 있는 듯했다.

> **TIP**
>
> 2013년 6월 30일, 한국의 박근혜 대통령이 중국 섬서성 조정영 당서기를 접견하는 자리에서 한국광복군 제2지대에 기념비를 설치할 것을 제안하였고, 이에 중국 측에서 기념비정을 세우기로 화답했다. 중국은 두곡진에 한국광복군 제2지대 기념공원을 만들었으며, 그 안에 기념비정을 세웠다. 한국이 요청한 것보다 큰 규모로 제작한 것이다. 2014년 5월 29일에 정식으로 개막식을 거행하였으며, 현재 한국인들을 맞이하고 있다.

▲ 두곡진 관제묘

이선자 부관장에게 이범석 장군 숙소로 가자고 했다. 장지평 노인에게는 정중하게 인사하고, 우리는 제2지대 터에서 200여 미터 떨어진 이범석의 숙소를 찾았다. 시골 읍내의 집들 중에서 그가 살았던 붉은 벽돌집을 찾기란 쉽지 않았다.

마침내 청산리의 맹장이자 한국광복군의 열혈남이었던 철기 이범석의 숙소를 찾았다. 차에서 내리자 인근 주민들이 관심을 보이기 시작했다. 한 주민이 "한국인들인가 보다"라고 하자 여기저기서 노인들이 모여들었다. 삽시간에 20여 명으로 불어났다. 그때 중년의 한 남자가 우리에게 다가와서 자신이 이 집의 주인이라고 말하며, 집안으로 들어올 것을 권유했다. 고마운 일이었다. 이름은 하군리(何軍利, 47세)라고 했다. 그는 새롭게 세운 대문을 가리키면서 이곳이 바로 이범석이 살던 집이라고 했고, 늙은 감나무를 가리키면서 70년 전에도 이 나무가 있었다고 했다. 한국인들이 많이 온다고 했다. 자신이 살고 있는 집을 이방인에게 쉽게 보여준 그에게 우리는 고마운 마음을 표하고, 홍교사로 향했다.

두곡진 이범석 관사에서 차로 불과 5분 거리에 위치한 홍교사에 도착했다. "선생님 중국 절에는 처음 와봐요." 주계운 선생의 말이다. 홍교사는 당나라 때 창건된 고찰이다. 이 절은 신라승 원측대사탑이 있어 유명하다. 우리가 알고 있는 당나라 최고승 현장법사를 기

▲ 철기 이범석

▲ 한국광복군 제2지대장 이범석 거주지

리는 절이기도 하다.

절에 도착하자 은행만한 빗방울이 떨어진다. 현장법사 탑을 기준으로 좌우에 원측과 규기 스님의 탑이 있다. 후세 사람들은 둘 가운데 누가 현장의 수제자인지 여전히 논하지만, 그들의 설법과 공력은 후세 사람들의 입담을 능가했으리라. 우리는 중국의 유명한 변법자강파인 강유위가 쓴 '홍교사' 현판을 뒤로한 채 서둘러 홍교사를 내려왔다. 사실 홍교사에서 강유위가 무엇을 했는지에 대해 정확한 자료를 확인하지는 못했다. 강유위는 아편전쟁 이후 서양 세력에게 강력한 '원투 펀치'를 맞고 그로기 상태에 빠진 중국을 살리기 위해서 법을 바꾸어 중국을 강한 나라로 만들어야 한다고 역설한 인물이다. 그런데 그는 신해혁명 이후 평생의 신념을 바꾸어 청나라의 마지막 황제 선통제(부의)를 다시

▲ 흥교사

절대 권력에 앉히려 했던 인물이다. 중국의 입장에서 보면 역사의 시계를 거꾸로 돌리려고 했던 것이다. 인간은 거대한 역사에서 때때로 자신의 신념을 지키기 버거워 한다. 강유위가 그런 인물이다. 세상에 어디 강유위만 그러겠는가. 차가 시안 시내에 들어섰을 때는 저녁 6시가 다 되어 갔다.

당나라 역사가 살아 있는
중국의 밤거리

바쁘게 몰아쳤던 일정을 점검하기 위해 7시가 되어서야 숙소인 혜빈국빈원에 도착했다. 시안에 오면 항상 머무는 곳이다. 짐을 풀고 저녁식사를 해결하기 위해 당나라 때 세워진 대인탑 거리로 향했다. 일명 '대당불야성 거리'로 일컬어지는 이곳에서 가장 먼저 눈에 띄는 것은 야간에만 볼 수 있는 화려한 네온사인 기둥이다. 용과 잉어 등 현란한 동물들이 기둥 안에서 자유롭게 날아다닌다. 이곳을 지나면 '개원성세'라고 쓴 글 뒤로 당 현종이 말을 탄 모습이 위풍당당하게 나타난다. 그리고 당 태종·측천무후를 표현한 조각들이 약 1킬로미터 이상 간격으로 당나라의 역사를 온전히 보여주고 있다. 한국인들에게 익숙한 이백·두보의 모습을 보고 있노라면, 중국인들이 이 거리를 조성할 때 어떠한 마음이었는지 조금이나마 알 것 같다. 특히 두보의 조각은 고뇌하는 두보의 모습을 사실적으로 묘사하고 있었다. 그 조각들은 현재 중국의 자본과 1300년 전 세계 최강을 자랑했던 당나라의 세력을 결합한 듯 압도적인 위용을 자랑한다. 승려 현장 등 당나라의 정치·사회·문화 전반에 걸쳐서 빚어낸 조각품들은 대안탑에 와서야 비로소 멈췄다. 조각품 양쪽에는 시안의 뮤지컬 극장·음악당과 같은 문화시설이 과거의 역사를 재현하는 것처럼 위풍당당하게 서 있다. 대안탑 앞에 이르자 수많은 사람들이 집단 춤사위를 보이고 있다. 중국의 작은 도시든 큰 도시든 밤에 볼 수 있는 일반적인 현상이다. 거대한 동상으로 재현된 현장법사가 춤추고 있는 중국인들을 내려다보며 지긋이 미소 짓고 있는 것만 같다. 허기가 밀려와 한국음식점 '한양' 옆에 있는 볶음밥 전문 식당에서 허겁지겁 뱃속에 복음을 전했다.

혁명의 성지,
옌안으로

시안 팔로군 판사처와
이부가 총사령부

6월 18일 아침 8시에 호텔에서 출발한 차는 30분이 지나도록 호텔 반대편으로 가고 있었다. 시안에서는 성곽을 복원하면서 일방통행 도로가 많아져서 이러한 현상이 벌어진다고 기사가 말한다. 시안의 아침 교통상황은 좋지 않았다. 곳곳에서 교통혼잡이 보통이 아니다. 신호등도 무용지물일 정도로 차, 사람, 동물, 자전거 등이 뒤엉켜서 돌아간다. 그런데 신기하게도 모두가 큰 사고 없이 일상을 준비하고 있다는 것이다. 40분 정도 지나서야 시안 팔로군 판사처에 당도했다. 그러나 문은 굳게 닫혀 있었다. 박물관은 월요일에는 휴관이었다. 기본 상식인데 이것을 까맣게 잊고 있었나. 안심일 노릇이다. 기사의 곡예운전이 헛될 지경이다. 이때 이선사 부관장이 완장 노릇을 하고 있는 경비에게 다가갔다. 그가 이곳 관계자 면담을 허락받고 관내로 들어간 지 15분 쯤 지나자

▲ 시안 팔로군 판사처

관계자와 함께 나타났다. 다행히 우리 일행은 관내로 들어가 사진 촬영을 할 수 있었다. 현판은 엽검영(葉劍英)의 글씨였다. 중국어에는 '총밍난 후투경난(聰明難 糊塗更難)'이라는 말이 있다. 총명하기는 어렵지만 어리숙한 척하기는 더 어렵다는 뜻이다. 엽검영은 현대중국사에서 가장 바보 같지만 가장 총명한 사람이라고 평가된다.

시안판사처에서 출발한 지 약 20분 만에 우리를 태운 승합차가 이부가 골목으로 들어섰다. 이부가 4호. 1991년 조동걸 교수팀이 답사할 당시만 해도 그 모습을 간직하고 있었던 곳. 당시 일행 중 한 명이었던 단국대학교 한시준 교수는 그 상황을 동아일보에 다음과 같이 중계방송했다.

조사단은 이른 아침 시안성 안의 옛 총사령부를 찾아갔다. 이부가 4호라고 쓴 문패가 상가건물과 주택 사이로 난 좁은 골목 입구에 아치형으로 걸려 있다. 골목을 20m 따라 들어간 막다른 곳의 이층집, 바로 그 집이 총사령부였다. 겉모양은 낡고 허술했지만 고급주택이었던 것처럼 보였다. 당시에는 앞쪽이 넓은 길과 들판이었다고 하나 지금은 건물 자체를 한눈에 볼 수 없을 정도로 빈틈없이 집들이 들어차 있었다(『동아일보』, 1992년 1월 10일자, 중국속 광복군유적지 현장을 가다).

세월이 얼마나 지났는가. 이미 이부
가 4호 건물은 흔적도 없이 사라졌고
그 자리에는 세기산주주점이 들어섰다. 다만 34,
26876. 108.941846.(이부가 4호 위치)라는 표식만
메모지에 남기고 통제방으로 발길을 옮겼다.

▲ 한국광복군총사령부
구지 이부가 4호

오후 2시경, 옌안(延安)으로 출발했다. 옌안은 이
번에 처음 가 보는 곳이다. 중국인들은 옌안이라 하면, 혁명의 성지라
고 한다. 하지만 나에게 옌안은 어쩌면 가슴 아픈 우리 민족사가 그대
로 녹아 있는 곳이라고 생각한다. 시안에서 옌안까지는 약 300킬로미
터. 시안시내에서 빠져나와 톨게이트에 다다른 시간은 2시 15분경이었
다. 한족 기사는 미소를 머금고 느긋하게 차를 몰았다.

중국을 답사할 때 항상 느끼는 것이지만 톨게이트가 너무 많다. 하지
만 어쩌랴. 여기는 중국인데. 차가 요주(耀州)를 지날 무렵 이선자 부관
장은 이곳이 도자기로 유명하다고 설명했다. 가는 길에 중국에서 사과

▲ 한국광복군 총사령부 구지-이부가 4호

로 유명한 낙천(洛川)이라는 곳도
지나쳤다. 황화강 폭포에 대한 이
정표가 있었지만 일정상 들를 수
없어 바로 옌안으로 달렸다.

저녁 6시 40분, 마침내 옌안에
도착했다. 이 길을 정율성이나 조
선의용대원들은 협곡을 통과하
면서 며칠을 걸어서 왔을 것이다.

험준한 길이다. 멀리 보탑이 눈에 들어온다. 옌안의 상징인 보탑과 항일군정대학 학생들의 합창 소리가 어우러진 '혁명의 성지' 옌안을 노래로 표현하고 싶었던 정율성은 여학생 막야(莫耶)에게 시를 부탁하고 자신이 곡을 붙여 옌안송을 만들어냈다.

> 夕陽輝耀着山斗的塔影(옌안 보탑산 위에 노을이 불타오르고)
> 月色映照着河邊的流螢(강변에는 달빛이 흐르네)
> 春風吹遍了坦平的原野(봄바람은 들판으로 불어 오는데)
> 群山結成了堅固的圍屛(산과 산들이 철벽을 만들었네
> 啊 延安 你這莊嚴雄偉的古城(아 옌안 장엄하고 위대한 도시여)
> (이하 생략)

옌안송은 혁명의 도시 옌안의 웅장함과 항일, 옌안의 밝은 미래를 그리고 있다. 정율성은 옌안송을 통해 척박하고 열악한 중국공산당 근거지였던 옌안을 동경과 서정이 가득한 낭만의 도시로 묘사하였다. 옌안송은 팔로군뿐만 아니라 옌안에 모여드는 젊은 청년들에게 감로수와같은 존재였다. 옌안송은 당시 한인들뿐만 아니라 중국인들의 심금을 울리는 혁명의 노래였다.[*] 옌변조선족자치주 초대 부주장이었던 최채 역시 옌안송을 부르면서 뜨거운 항일의지를 불태웠다고 하였다.[**]

▲ 정률성

---

* 최채는 충칭에서 활동하면서 옌안에 대한 격정이 묻어난다고 했다. 유연산, 『불멸의 영혼-최채』, 민족출판사, 2009, 76쪽.
** 유연산, 위의 책, 76~77쪽.

중국 혁명의 성지, 옌안
조선 젊은이들이 조국을 위해 싸우다
- 천구촌 요동과 나가평 조선혁명군정학교 터(1)

　　　　　6월 19일 새벽녘, 창밖으로 비가 내린다. 오늘 일정을 어떻게 소화할지 걱정이었는데, 다행히 7시경에는 비가 그쳤다. 구름 사이로 부끄러운 듯 살며시 해가 보인다. 다행이다. 서둘러 아침 식사를 끝낸 일행은 8시가 되어 조선의용군이 태항산에서 이곳 옌안에 처음 정착했던 천구촌(川口村) 요동(窯洞: 일명 황토굴)으로 향했다. 차는 옌안 시내를 통과하여 동쪽으로 달린다. 약 30분 정도 옌안비행장 쪽으로 천구대교를 끼고 달리다 오른쪽을 보니 산위에 요동이 8개 정도 모습을 드러내고 있다. 천구촌 조선의용군 거주지에 도착한 것이다.

　　천구대교를 건너자 왼편에는 2007년 5월에 옌안시 문물국에서 건립한 조선의용군구지 기념비가 보였다. 우리는 차량이 통과할 때 기념비에 켜켜이 쌓인 먼지를 생수로 닦아 내었다. 뿌옇게 먼지 쌓인 조선

▼ 중국 옌안혁명기념관

의용군 역사의 거울을 깨끗하게 닦고 있는 듯한 착각이 들었다. 사진이 잘 나올 정도로 말끔하게 닦고 나자, 이선자 부관장은 조선의용군들이 사용했던 우물이 있다고 하면서 나를 우물로 이끌었다. 그곳에 거주하는 할머니가 지게를 지고 물동이를 나르고 있었다. 우물을 지나 천구촌 조선의용군들이 직접 판 요동을 찾아 산으로 올라갔다. 해방 후에 철길을 놓아서 그런지 옛모습과는 많이 달라져 있었다. 많은 요동이 있었지만 8개 정도만 밖으로 노출되어 있고, 나머지는 풀에 가려져 있었다. 나는 '사람이 거주하는 요동 안을 볼 수 없을까?'라는 생각에 곧바로 현지인이 거주하는 요동으로 발길을 돌렸다. 천구촌 143호였다.

마음씨 좋은 할머니는 자신이 살고 있는 요동 내부를 기꺼이 공개했

▲ 천구촌기념비

다. 할머니는 조선의용군들이 이곳에 살았다는 것을 알고 있었다. 그들은 아늑한 공간에 온돌처럼 불을 때며 난방을 하고 있었는데, 그 공간은 4명 이상이 거주하기에 비좁은 크기였다. 가마솥이 아궁이 위에 있어 한국의 시골집을 연상케 했다. 요동은 옌안지역의 흙이 황토이기 때문에 가능한 것이었다. 접착력이 뛰어난 황토지형의 옌안은 그야말로 '요동 공화국'이라 할 만했다. 약 2.5미터 높이의 천장은 사람들이 활동하기에 불편함이 없어 보였다. 정갈하게 정리된 요동을 나와 주인 할머니에게 거듭 고맙다는 인사를 하고 발길을 돌렸다. 요동에서 나와보니 앞의 전경이 한눈에 들어왔다. 천혜의 요새처럼 보였다.

▲ 천구촌 요동 내부

옌안, 혁명의 노래가
울려 퍼지는 곳
- 천구촌 요동과 나가평 조선혁명군정학교 터(2)

조선의용군들의 요동 생활은 어떠했을까. 그들은 왜 이 요동에서의 어려운 생활을 감내했을까. 이런저런 상념에 잠겼다. 그렇다면 왜 이들은 1944년 태항산에 있었던 옌안으로 근거지를 이동한 것일까. 조선의용대의 전문학자인 염인호 교수도 확답을 하지 못하고 있다. 그 내용은 다음과 같다.

1944년 2월 2일 태항산에 있던 독립동맹 총부가 옌안을 향해 출발했다. 이때 태항산의 화북조선혁명청년학교 학생들도 조선의용군 화북지대장 박효삼의 인솔 하에 옌안을 향해 출발하였다. 의용군, 독립동맹의 주요 역량이 이로써 태항산 시대를 마감하고 옌안으로 이동한 것이다. 옌안으로 이동함으로써 본격적인 옌안시대를 맞이한다. 화북조선혁명청년학교와 독립동맹 총부가 옌안으로 이동한 정확한 이유는 알 수 없다. 아마도 일제 패망을 대비해 정치, 군사 간부 양성을 본격적으로 추진하기 위해서였을 것이다. 이때 1943년 독립동맹 분파 투쟁의 당사자였던 최창익은 옌안으로 이동하였고, 또 다른 당사자였던 무정은 태항산에 남았다.(염인호, 『조선의용대, 조선의용군』, 독립기념관, 2009, 234~244쪽)

나가평 가는 길 ▶

▲ 나가평 조선혁명군정학교 구지 기념비

1944년 태항산에 있었던 조선의용군은 옌안으로 근거지를 이동하였다. 천구촌 조선의용군의 거주지를 뒤로 하고 일정상 나가평(羅家坪) 조선혁명군정학교 옛터로 이동했다. 천구촌에서 옌안시 방향으로 10분 정도 차로 달리자 나가평 이정표가 나온다. 이곳에서 좌회전하니 나가평 연하대교가 힘겹게 차량을 통과시키고 있다. 폭이 좁은 다리 위를 차와 사람이 뒤엉켜서 지나가고 있다. 설계를 잘못한 것인지 초행자에게는 익숙하지 않은 장면이다. 다리를 지나서 5미터 쯤 가자 왼쪽에 조선혁명군정학교 구지 기념비가 서 있다. 비교적 깨끗한 모습의 이 기념비는 그동안 한국 언론에도 간혹 등장했다. 기사는 기념비 앞이 쓰레기로 뒤덮여 있다는 내용이었는데, 대부분 한국 정부의 기념비 관리 소홀 등을 지적했다. 하지만 이 기념비는 엄연히 중국 정부에서 세운 것이다. 다만 한국의 역사를 기록한 것이기에 한국과 중국 정부의 공동 노력이 필요한 것이다. 가끔 우리 언론이 너무 앞서 간다는 느낌이 들 때가 바로 이때이다.

조선혁명군정학교의 개교 상황은 다음과 같다. 이 학교는 태항산청년학교의 학생들과 진서북, 진찰기, 기열료 의용군에서 온 학생들로 구성되었다. 이 학교는 조선독립동맹과 의용군 총교로 태항산, 산동, 신사군 지구에 있는 학교들은 이 학교의 분교들이다. 이 학교는 옌안에서 동쪽으로 8리 정도에 위치하고 있으며, 산기슭에 위치한 나가평이라는

곳에 자리 잡고 있었다. 건너편에는 노신예술학원이 있었다. 나가평에
는 자그마한 수공식 종이공장이 하나 있었으며, 대부분 한인 독립운동
가들이 거주하고 있었다. 여기에 정율성도 자리를 잡았다.

조선혁명군정학교의 개학식에는 주덕(株德) 총사령과 서특립(徐特立)·
오옥장(吳玉章)·임백거(林伯渠) 등 중공중앙 지도자 및 각계 대표들이 참
석하였다. 개학식에는 박일우 부교장의 사회 아래 장중한 애국가를 시
작으로 엄숙히 진행되었다. 김두봉 교장의 개학사와 중공 중앙과 팔로

▲ 나가평 조선혁명군정학교 숙소

군을 대표하는 주덕의 기념사가 있었다. 주덕의 연설내용은 민족통일 전선의 건립과 한국인의 단결, 무장대오의 건립을 학습하는 문제 및 중국 혁명의 풍부한 경험을 배우는 문제 등에 관한 것이었다.

우리는 기념비를 촬영하고 바로 조선혁명군정학교와 조선의용군의 숙소를 찾아 촌의 왼쪽 비탈길로 올라갔다. 그런데 갑자기 굵은 빗줄기가 일행의 걸음을 멈추게 했다. 약 10분 정도였을까. 강한 소나기가 비탈길을 계곡으로 바꿔 놓았다. 여기부터는 흙길인데, 이선자 부관장이 근심어린 얼굴로 걱정이라고 말했다. 비가 어느 정도 잦아지자, 일행은 바로 비탈길로 올라갔다. 아니나 다를까 황토길은 미끄러워서 거북이 걸음을 하지 않으면 진전이 없었다. 요동에 거주하는 현지인들이 곳곳에서 우리 일행의 방문을 물끄러미 바라보고 있었다. 우리네 달동네를 연상케 하는 요동들을 5분 정도 지나왔을까. 그만 막다른 길에 다다랐다. 길을 잘못 든 것이다. 또 비가 온다. 마침 비를 피하려 들어간 집에서 주인이 조선의용군 숙소를 자세하게 알려주었다. 70년이 지난 지금도 기억하고 있는 이들이 있어 '그들의 역사가 헛된 것은 아니었구나' 하는 상념에 잠시 잠겼다. 비가 그치자 일행은 조선의용군이 숙소로 사용했던 요동으로 갔다. 2002년 독립기념관에서 조사할 당시에는 2곳에 사람들이 거주하였지만 지금은 텅 비어 있었다. 요동 앞은 옥수수와 토마토들이 나란히 자태를 뽐내고 있었다. 조선혁명군정학교를 찾았지만 교사는 이미 철거된 후였다. 2003년 중국의 조선족 학자인 최용수 교수가 조사할 당시에는 일부가 남아 있었지만 현재는 흔적을 찾을 수 없다. 변해도 너무 많이 변했다.

'상산롱이(上山容易), 시하산 난(下山難)' 산에 오르는 것은 쉽지만 내려오기는 어렵다라는 말이 실감나는 듯했다. 비탈길이 너무 미끄러워서 다리에 힘이 잔뜩 들어갔다. 설설 기었다는 편이 옳은 표현이겠다. 20분 가까이 비탈길을 내려오니 신발에 흙이 잔뜩 묻어 차에 오르기가 민망할 정도였다. 맘씨 좋은 기사분은 차는 닦으면 되니 차에 오르라고 말한다.

노신예술학원,
아름다운 사랑이 꽃피는 곳

다음 목적지는 중국인들에게 근대음악의 3대 작곡가로 칭송받는 조선사람 정율성이 그의 음악을 만개했던 노신예술학원이었다.

엔안은 작은 도시이다. 2011년에 엔안의 인구가 약 200만에 이른다고 하지만 시내 중심은 반경이 5킬로미터 이내로 보인다. '엔안송'으로 대표되는 중국 혁명의 도시 엔안. 이곳에서 두 남녀는 국적을 넘어 사랑을 꽃피운다. 주인공은 정율성과 정설송이다. 다소 길지만 그들의 이야기를 따라가 보자.

상하이에 머물고 있던 정율성은 1937년 9월 하순, 전쟁형세가 위급하자 남경으로 갔다. 김성숙의 부인 두군혜(杜君惠)는 정율성에게 혁명음악가로 알려진 이공박(李公朴)을 소개해 주었다 이공박은 정율성의 음악적 재질과 독립운동에 대한 열정을 높이 평가하고 엔안으로 가는 길을 알선하였다. 이 소식을 들은 선협은 그에게 팔로군 시안판사처 주

▲ 노신예술학원 구지

임 임백거(林伯渠)에게 보내는 소개서 1장을 써 주었다.

1937년 10월, 정율성은 바이올린과 만돌린을 메고 옌안에 도착하였다. 그리고 바로 섬북공학에 진학한 정율성은 3개월 과정을 이수한 후 바로 노신예술학원에서 체계적인 음악공부를 시작하였다. 여기에서 정율성은 김산을 만나게 된다. 당시 김산은 일제로부터 연이은 체포와 석방으로 건강이 악화되었는데, 옌안에서 요양하면서 점차 건강을 되찾아 군사위원회 간부특별학급에서 강의 요청을 받기도 했다.

옌안송을 작곡한 정율성은 가수 당영매(唐榮枚)와 함께 중앙대례당에서 음악회를 가졌다. 이 자리에는 모택동도 참석했다. 그들이 부른 옌안송은 항일과 혁명의 노래로 각인되어 전 중국으로 퍼져 나갔다. 그의 부인 정설송은 말했다. "정율성과 나는 자기 조국에 대한 피끓는 사랑"을 함께 느꼈다고. 이 사랑이 옌안송의 작곡으로 이어진 것은 아니었을까.

정율성이 꿈꾸던 독립
그리고 사랑

- 음악으로 조국의 독립을 꿈꿨던 정율성

1938년 8월경, 노신예술학원을 졸업한 정율성은 항일 군정대학에서 본격적으로 음악을 가르치기 시작했다. 중국인의 감수성과 정서를 완벽하게 표현하지는 못했지만, 한인의 정서를 유지하면서 혁명가요 제작에 전념하였다. 주덕해를 비롯한 한인 청년들이 옌안으로 들어오면서 정율성은 중국혁명과 조국독립이라는 명제 하에 놓이게 되었다.

정율성은 한인 독립운동가들과 인식을 공유하고, 옌안의 정세 분석을 통해 조국독립과 중국에서의 혁명적인 성공을 꿈꾸며 독립운동단체들의 대동단결을 추진하였다. 그리고 그 꿈은 「조국의 독립을 위하여 대동단결을 촉구하는 결의문」으로 세상에 나왔다. 1939년 1월에 작성된 호소문은 조선의 용대 기관지인 『조선의용대통신』에 실렸다.

1939년 1월, 정율성은 중국 공산당에 가입하여 그해 5월 정식으로 당원이 되었다. 당시 섭이(聶耳)와 선성해(洗星海) 등의 작곡가들은

▲ 정율성 가족

▲ 팔로군 행진곡을 지휘하는 정율성(맨 앞)

합창곡을 많이 만들어 냈다. 정율성 역시 여기서 크게 벗어나지 않았다. 그는 항일군정대학에서 합창단을 지휘하며 대중적 음악활동을 전개하였다. 1939년 8월 시인 공목(公木)을 찾아가서 「팔로군대합창(八路軍大合唱)」을 시로 만들어 줄 것을 요청하였다. 전선에서 돌아온 지 얼마 되지 않은 공목은 자신의 전투생활 경험을 바탕으로 가사를 완성하였다. 공목의 작시를 받아든 정율성은 9월경에 곡을 완성하였으며, 1940년 초 옌안중앙대강당에서 「팔로군대합창」을 초연하였다.

총 8곡으로 구성된 「팔로군대합창」에는 후일 중국인민해방군가로 불린 팔로군행진곡도 포함되어 있었다. 가사는 다음과 같다.

    向前 向前 向前(앞으로 앞으로 앞으로)
    我們的隊伍 向太陽(우리들은 태양을 향한 대오)
    脚踏着祖國的大地(조국의 대지에 섰네)

背負着民族的希望(민족의 희망을 품고)

我們是支不可戰勝的力量(우리힘을 막을자 누구더냐)

(이하 생략)

    중국의 전통음악과 비슷한 한국음악의 요소를 조화롭게 잘 녹여낸 창작물인 팔로군행진곡은 전투적 기상과 민요풍이 농후한 작품이다. 특히 중간 부분은 모두 위로 돌진하는 신호식 곡조형태를 띠고 있다. 이는 옌안송의 서정적인 감성과 강한 전투적 체제를 갖추고 조화를 이루는 모습이다. 이처럼 정율성의 노래는 옌안뿐만 아니라 해방구를 뛰어넘어 전 중국으로 퍼져나가고 있었다. 정율성의 노래가 지닌 생명력의 깊이와 크기를 짐작할 수 있다. 정율성의 노래는 생활하고도 직결되어 있었다. 그 꿈을 키우고 펼친 곳이 바로 옌안의 노신예술학원이며, 그의 평생 반려자 정설송을 만난 것도 이 시기의 일이다.

▲ 노신예술학원

노신예술학원은 중국의 근대 문호인 노신의 뜻을 기리며 설립된 이른바 혁명학원이었다. 1933년 건축된 천주교회와 그 밖의 부속건물로 이루어져 있다. 지영철 기자는 비가 개니 사진 찍기에 더없이 좋은 날씨라고 연신 감탄사를 쏟아냈다. 노신예술학원에 도착할 당시만 해도 비가 부슬부슬 내리고 있어서 사진작가들에게는 좋지 않은 환경이었다. 비온 뒤의 하늘은 정말 맑았다.

중국의 전국문물단위로 지정된 천주당 건물의 좌측에는 노신학원 전시관이 있는데 문이 굳게 닫혀 있었다. 이선자 부관장의 '꽌시'가 빛을 발했다. 친분 있는 안내해설사의 도움으로 우리는 조심스럽게 전시관에 발을 들여 놓았다. 그리고는 이내 정율성 관련 사진에 눈을 고정시켰다. 정율성은 노신학원 음악계 1기 학생이며 제3기 때에는 조교를 역

▲ 노신예술학원 내부

임했다. 그가 옌안송 합창곡을 지휘하는 사진 1장이 전시관에 걸려 있었다. 안내해설사는 얼마 전에 한국의 KBS방송국에서 촬영하였다고 넌지시 말해 준다.

전시관을 나와 안내해설사가 인도하는 대로 노신학원의 음악계, 미술계, 문학계 건물을 차례로 보았다. 특히 음악계 교사에는 정율성 관련 사진과 그가 노신학원 1기 학생이라는 사실을 알려주는 도표를 걸어 놓았다. 2002년 독립기념관 조사 당시 이곳에 정율성의 숙소가 있다고 했지만 교사 내에는 음악 교수인 선성해의 숙소만이 있다고 했다. 그리고 우리는 직접 선성해의 숙소를 눈으로 확인까지 했다. 그렇다면 정율성은 어디에서 생활하였다는 말인가. 안내해설사는 그가 대부분 노신학원 우측의 요동에서 생활하였다고 한다. 천주당 내부를 둘러보면서 정율성의 동선을 머리 속에 그려보았다. 그가 열정을 가지고 꿈꾼 조선의 독립은 어떤 것이었을까.

정율성과 정설송의 아름다운 만남, 사랑

정율성은 노신예술학원을 졸업하고 항일군정대학에서 음악을 본격적으로 가르치게 된다. 정율성과 정설송의 인연은 그렇게 시작되었다. 정율성의 평전을 집필한 이종한 작가가 설명하는 그들의 만남은 이러했다. 정설송은 뒷날 그를 처음 만나던 당시의 상황을 이렇게 그리고 있다.

그들의 만남은 짧게 끝났다. 이후 정율성이 항일군정대학 음악 지도원으로 배치를 받으면서 두 사람이 만나는 횟수는 더욱 잦아졌다. 정설송이 당시 항일군정대학 여학생대 대장이었기 때문에 정율성과 공식적인 회의 석상에서 만날 기회가 많았다. 정율성이 정설송을 만난 때가 그의 나이 스물 다섯의 일이다. 옌안에는 수많은 청년들이 항일 혁명을 위해 와 있던 곳이다. 그들의 만남은 국경을 초월하였다. 정율성은 들꽃을 꺾어서 정설송이 머물던 요동에 몰래 갖다 놓기도 하면서 그녀에 대한 마음을 전했다. 2009년 7월 하얼빈에 개관한 정율성기념관 2층에는 옌안의 요동을 그대로 재연한 시설물이 있다. 여기에는 정율성이 정설송에게 전해 준 들꽃 역시 전시되어 있다. 정율성은 정설송에게 적극적인 구애를 한 것이다. 마침내 1941년, 둘은 노신예술학원에서 결혼식을 올리게 된다. 그리고 두 사람은 딸 아이 하나를 두었다. 무정은 이 둘의 결혼에 큰 역할을 했다. 정율성을 동생처럼 여긴 무정은 두 사람이 결혼하는 데 큰 힘이 되었다.

일행은 무정과 관련 있는 옌안의 중국 군정학교를 찾았다. 새롭게 단장한 군정학교였다. 2002년 당시에는 공사 중이었는데, 어느새 군정학교의 정문 뒤로 기념관이 새롭게 들어와 있다. 중국 군정학교에는 무정과 관련된 것들도 전시되어 있었는데, 아쉽게도 김산에 대한 부분은 없었다.

▲ 중국 군정학교

혁명의 도시 옌안을 뒤로하고
떠나는 새로운 여정

작은 승리자
김산의 흔적을 찾아서

　　　　　　중국인민항일정치대학으로 불렸던 중국항일군정대학
은 1947년 국민정부군의 폭격으로 파괴되었으나, 이제 군정학교는 번듯
한 건물로 거듭나 있었다. 일행은 군정학교 전시관 내부를 찬찬히 관람했
다. 무정이 학교를 다녔던 기록과 항일전쟁 시기 공산당의 인물들, 정율
성의 사진 등이 전시되어
있었다.

님웨일즈와 만날 당시
에 김산은 이곳에서 일본
경제와 물리, 화학을 강
의하였다. 이처럼 김산은

▲ 항일전시관 내부

조선의 독립을 위해 옌안에서 그만의 치열한 활동을 전개하고 있었다. 『아리랑』에 나오는 그의 글을 잠시 살펴보자.

내가 도착하기 몇 주 전에 에드가 스노우(Edgar Snow)가 소비에트구에 들어와 보완에 있었지만, 나는 병 때문에 보지 못했다. 서북 봉쇄선을 뚫고 지나간 외국인은 그 사람이 최초의 인물이었으며, 내가 그 다음이었다. 시안사변(1937년 12월 12일) 이후 홍군이 옌안을 탈취하여 수도를 보안에서 옌안으로 옮겼다. 나는 아직도 병 때문에 허약했지만 다른 사람들과 함께 옌안으로 옮겨졌다. 내 건강이 좋아지자마자 군사위원회의 간부특별학급에서 강의를 해달라는 요청을 받았다.

몸이 쇠약한 상태에서 독립운동에 참여해야 하는 자신을 '작은 승리자'로 표현한 김산은 이곳 옌안에서 결국 희생당하고 만다. 내가 그에 대한 기억에 한참 잠겨 있을 때, 충칭임시정부 청사의 이선자 부관장이 "김선생님, 여기 문닫을 시간이라고 하네요"라고 말한다. 아 벌써 시간이 그렇게 되었구나. 해는 아직 하늘에 걸려 있었지만, 오후 5시 30분이면 전시관은 문을 닫는다. 일행은 서둘러 '중국항일군정대학 구지'라는 표지석 앞에서 기념촬영을 한 후 바로 섬감영변구 참의회 대례당(일명 옌안대례당)으로 향했다. 이곳

▲ 옌안대례당

에 도착했을 때 많은 사람들이 기념촬영에 여념이 었었다. 옌안대례당은 1941년 동방각민족반파시트대회가 열린 곳으로 알려져 있다. 젊은 이들이 여기저기서 각종 포즈를 취하면서 옛 항일근거지의 분위기를 한껏 살리고 있었다. 우리는 여정을 마무리하며 저녁 식사를 위해 차에 올랐다.

연하처럼 흐르던
옌안의 마지막 날

2012년 6월 20일 오전, 신중국에서 자랑하는 혁명의 성지를 보다 세밀하게 관찰하기 위해 중국 공산당이 옌안에 들어와 처음으로 자리잡았던 조원혁명 구지를 찾았다. 9시 30분경인데도 그곳은 사람들로 북새통이었다. 이선자 부관장과 주계운 선생 그리고 내가 그 입구에서 기념촬영을 할 때도 사람들의 발길은 끊임없이 이어졌다. 간신히 기념촬영을 한 후 이곳저곳 인파에 떠밀려 어떻게 관람을 하는지도 모르게 벌써 출구에 나와 있었다. 하는 수 없이 석가령혁명 구지에 주은래(周恩來)와 등영초(鄧穎超)가 머물렀던 요동에 잠시 들린 후 우리는 청량산으로 향했다. 옌안에는 왕가평혁

▲ 주은래와 등영초가 머물렀던 석가령 요동 내부

명구지, 양가령혁명구지 등 대부분 요동으로 된 항일투쟁 근거지가 비교적 잘 보존되어 있다. 요동을 우리말로 하면 '황토굴'이라고 할 수 있다. 비슷비슷한 요동을 많

▲ 옌안 보탑산

이 보아서 그런지 청량산 정상에서 본 옌안 시내는 장관이었다. 옌안을 감싸 안고 흐르는 연하의 물줄기와 옌안시 전경이 한눈에 들어왔다. 연하가 굽이치는 천혜의 요새, 수나라 때 쌓았던 산성도 세월의 무게는 쉽게 벗어나지 못한 듯 여기저기서 속살을 드러내고 있다. 한참 옌안시를 감상하던 중 주계운 선생이, "김선생님, 지영철 사진작가님이 사라졌네요" 라고 한다. 어찌된 일인지 1시간이 지나도 나타나지 않고 있는 것이 아닌가. 일행은 청량산에서 하산해 산의 입구에서 지작가를 기다렸다. 30분 정도 지났을까. 지친 표정으로 우리에게 다가오는 지작가, 어찌나 반가웠던지. 왜 늦었는지 서로 묻지 않았다. 옌안에서의 마지막 날이 이렇게 연하처럼 흘러갔다.

옌안을 떠나 오뚝이를 닮은 소안탑을 만나다

아침 8시, 성당왕조 호텔에서 출발한 차는 거침없이 옌안시를 벗어났다. 멀리 보탑산이 잘 가라고 인사를 한다. 한중수교 20주

년에 걸맞는 답사를 한다고 했지만, 이틀 동안 무엇을 했는가라고 자문해 보았다. 중국 혁명의 성지라는 옌안답게 중국 공산당 관련 사적지가 도처에 즐비하다. 요동으로 대표되는 옌안의 상징은 그곳에서도 유감없이 그 힘을 발휘했다. 옌안에서 시안까지는 300여 킬로미터. 일행은 이 여정보다 밤 기차의 여정에 신경쓰는 눈치였다. 시안에서 한단까지는 900킬로미터. 11시간을 달려야지만 도착할 수 있는 곳. 그곳에서 한단 조선의용군 기념관 관장 상영생 관장이 우리를 맞이하기로 했다.

오후 4시 쯤 시안박물원을 찾았다. 시안박물원은 국가급 기관이다. 진나라 이후 한나라, 수나라, 당나라의 수도였던 시안에는 수많은 보물들이 존재한다. 전 세계적으로 잘 알려져 있는 병마용, 당현종과 양귀비의 고사가 깃들어 있는 화청지 등 이루 헤아릴 수 없는 문화재들이 시간의 역사를 고스란히 머금은 채 관광객들을 맞이하고 있다. 시안박물원은 보물창고이다. 중국의 국보만 3점이 있다고 한다. 우리가 탄 차가 시안박물원 정문에 들어서자 왕메이 부원장이 일행을 반갑게 맞이해 준다. 상덕 원장이 접견

▲ 소안탑

실에서 기다린다며 길을 안내하는 왕메이부원장은 이전에는 시안사변 기념관 부관장이었다가 2010년에 시안박물원 부원장으로 부임했다고 한다. 접견실에 들어서자 달마대사를 **빼닮은** 상덕 원장이 우리를 반겼다. 철관음 한잔에 지친 몸을 추스린 나는 상덕 원장과 왕메이 부원장이 2011년 시안총영사관과 시안시, 독립기념관 3자 공동으로 시안에서 개최한 국제학술회의를 향후에도 지속적으로 진행하기를 원한다는 것을 재차 확인했다. 2012년이 바로 한중수교 20주년이기 때문에 한중우의가 더욱 절실하게 느껴지는 대목이다. 소안탑을 카메라에 담은 지영철 선생이 날씨가 너무 더웠는지 시원한 음료수를 원하는 눈치였다. 소안탑은 1,300년 전의 모습을 원형 그대로 보존한 듯 서 있다. 하지만 왕메이 부관장의 설명을 듣고는 모진 풍파와 인고의 세월을 머금고 있는 소안탑이라는 생각에 잠시 15층 높이의 거대한 모습을 올려다 보았다. 1,300년 동안 70여 차례의 크고 작은 지진을 견뎌 낸 소안탑은 인간으로 비유하면 '부도옹(오뚝이)' 같은 존재라고 할 수 있다. 영원하라, 소안탑이여!

시안에서 한단으로
가는 길

만두의 향연을
느끼다

        소안탑에서 나온 일행은 왕메이 부원장이 이끄는 음식점으로 향했다. 시안에서 아주 유명한 만두집인데, 미국대통령 클린턴이 시안을 방문했을 때 찾은 곳이라 더 유명하다고 한다. 상호는 덕발장(德發長). 2011년 8월 독립기념관과 시안박물원 그리고 시안한국총영사관이 주최가 되어 학술회의를 개최한 적이 있다. 그때 시안시 측에서 한국인들을 배려하여 준비한 식당이 바로 덕발장이었다. 만두의 가짓수가 헤아릴 수 없을 만큼 많다. 이 음식점은 1936년에 만들어졌다. 중국에서는 특급 음식점으로 불린다. 그만큼 역사와 전통을 자랑하기 때문이다.

  6시가 다 되어 들어간 덕발장에는 이미 수많은 관광객들이 맛의 세계를 탐미하고 있었다. 그중에는 서양인도 많았다. 시안은 아마 서양인들이 가장 많이 찾는 중국의 대도시가 아닐까 생각하면서 일행은 왕메

▲ 덕발장의 만두

이가 손짓으로 지정한 좌석에 앉았다. "진버스 니 샹츠 썬머(김박사 드시고 싶은 것은……)." 왕메이 부원장이 나를 지목하면서 묻는다. 만두 전문집에 왔으니 만두를 시키는 것이 도리가 아니겠는가. 왕메이 부원장에게 알아서 시키라고 했다.

20분 정도 지났을까. 다양한 만두가 나오기 시작했다. 개구리 모양의 만두를 비롯해서 기억조차 나지 않는 만두들의 향연이 펼쳐졌다. 지영철 작가는 중국음식이 맞지 않는다고 하면서도 잇따라 작은 모양의 만두를 입으로 가져간다. 사실 만두, 즉 교자(餃子)라는 것은 한자로 경단 '교'자를 썼듯이 작은 의미의 만두를 뜻한다. 중국에서 교자는 1,400여 년 전부터 만들어 먹었다고 한다. 오늘날 중국인들의 만두 사랑은 무한하다. 중국인들이 교자를 먹을 때는 가는 해와 오는 해의 기점에서 먹는다고 한다. 한국으로 치면, 음력 섣달 그믐날과 정월 초하루가 만나는 시점에 교자를 먹는다. 교(餃)를 교(交)로 생각하여 묵은 해를 보내고, 새해를 맞이 하는 교차점에 먹는 것이 교자라는 것이다. 참 그럴듯하다.

한참 동안 교자 삼매경에서 헤어나올 줄 몰랐던 일행은 7시가 되어서야 다음 행선지로 무거운 발걸음을 옮겼다. 덕발장 문 앞에서 아쉬움을 뒤로하고 왕메이의 배웅을 받으면서 시안역으로 출발했다. 나로서는 중국에서 큰 역과 작은 역을 많이 보았기 때문에 낯설지 않은 풍경이었지만, 그날 시안역의 밤 풍경은 장관이었다. 승합차에서 내린 일행은 첫날부터 닷새째 우리와 동고동락했던 충칭대한민국임시정부 청사

의 이선자 부관장과 못내 아쉬운 자별을 하고, 시안역 광장을 통해 대
합실로 향했다.

인산인해,
시안역

　　　　　저녁 9시 30분에 도착한 시안역은 마치 전쟁이 일어난
듯 피난 행렬과 같은 인파가 뒤덮고 있었다. "참 사람 많다"는 말이 저절
로 나올 지경이었다. 우리 일행은 답사단이기 때문에 짐이 많았다. 특히
지영철 기자는 촬영장비와 가방이 많아 수많은 인파를 뚫기에 너무 힘겨
워 보였다. 일행은 인파를 겨우 뚫고 무사히 역 안으로 들어올 수 있었다.
중국의 역은 짐 검사가 유별났다. 짐 검사를 무사히 마치고 일행은 조금
이라도 휴식을 취할 요량으로 1인당 10위안씩 지불하면 냉방이 되는 2층

▼ 시안역

대합실로 올라갔다. 사정이 조금 나았다. 20여 분 쯤 지났을까. 시안에서 장춘으로 가는 k126호 기차의 승차를 알리는 방송이 나왔다. 우리는 다행히 4인용 침대칸이라 안락하게 자리를 잡을 수 있었다. 짐이 워낙 많아 2층 침대 옆의 수납공간에 짐을 밀어넣고 내 짐은 침대 밑에 놓았다. 겨우 정리가 되는 듯했다. 이제 한단까지 꼬박 900킬로미터를 가야 했다. 길에서 보낸 시간이 많아서일까 피곤이 쓰나미처럼 밀려 왔다. 그래도 지영철 기자는 신이 난 듯 연신 타볼 만하다고 독백을 한다.

이때 우리 방(침대 4칸은 롼워(軟臥)으로 누군가 불쑥 들어왔다. 일행이 3명이다 보니 한 자리가 남았는데 공교롭게도 중국인 아주머니가 주인이 되었다. 50대 중국인 아주머니가 2층 침대 한 칸을 차지했다. 우리가 한국인이라고 하니, 자신도 한국에 몇 번 가 보았다고 하면서 제주도의 인상이 무척 좋았다고 했다. 자신을 IT 계열 회사에서 근무하고 있다고 간단하게 소개한 중국인 아주머니는 조금 있다가 옆 칸의 일행들에게 가서 수다를 떨기 시작한다. 11시경이 되어서 잠을 청한 우리는 새벽 5시경이 되자 누구라고 할 것도 없이 세 사람이 거의 동시에 기상했다. 고양이 세수를 끝내고 중국 대표 컵라면 뚜껑을 열고 한국의 대표 라면 수프를 대신 넣어 먹기 시작했다. 오묘한 맛이다. 한국 수프의 위력이 발하는 순간이다. 짐 정리를 끝내고 하차를 대기하였지만 어찌된 일인지 제 시간에 한단역에 도착하지 못하는 것 같았다.

진시황의 고향,
한단에 내리다

오전 8시 20분, 평소보다 20분 늦게 도착한 한단(邯鄲)
역에는 이미 상영생 관장이 나와 밝은 얼굴로 우리 일행을 맞이하였다.
그의 미소에 기차 여행의 피로가 풀리는 듯했다. 상영생 관장과 한국하고
의 인연은 꽤 오래되었다. 그가 한단에서 직장 생활을 하면서 한국의 밀
양과 밀접한 관계를 맺게 되었는데, 거기에는 태항산에서 순국한 윤세주
열사의 존재감이 큰 역할을 했다. 1990년대부터 꾸준히 한국과 연계를
맺은 상영생 관장은 또다른 한국통이라고 할 수 있다.

사실 한단은 중국사에서 진시황(趙政)의 고향으로 알려져 있다. 한단
은 허베이성 최남단에 위치하고 있다. 서쪽으로는 중국의 그랜드 캐니
언으로 불리는 태항산이 자리잡고 있으며, 북으로는 베이징과 텐진이
있다. 특히 허난성, 산둥성, 산시성과 인접한 교통의 요지이기도 하다.
신석기 시대를 거쳐 중국 황하문명의 중요한 무대였던 한단은 오늘날,
약 960만 명의 인구를 가진 대도시
로 성장하였으며, 신흥 번영도시로
주목받고 있다.

▲ 상영생 관장(우측)

태항산록에서

태항산 조선군정학교

9인승 승합차에 여행용 가방을 가득 싣고 한단을 벗어나 섭현으로 향했다. 한단에서 섭현(涉縣)까지는 약 100킬로미터이다. 예전 같으면 길이 나빠 5시간이나 소요되었다고 상영생 관장은 말한다. 상 관장은 독립기념관이 조선의용군열사기념관 전시를 새롭게 지원한 것에 대해 차 안에서도 연신 감사의 뜻을 전했다. 참 따뜻한 분이다. 그러면서 한마디 덧붙였다. "한단과 섭현 간 고속도로가 개통되면서 약 1시간 남짓이면 섭현에 도착할 수 있다"고.

키가 185cm 정도 되는 운전기사는 묵묵히 차를 몰아 10시 30분경 우리를 섭현의 숙소인 용산빈관에 안착시켰다. 기차 안에서 주계운 선생은 머리를 감지 못했다고 10분만 시간을 달라고 했다. 서둘렀던 "내가 정말 야박한가"라는 생각도 했다. 15분 뒤 우리는 조선혁명군정학교 건물이 있는 남장촌으로 향했다. 남장촌에는 이미 상 관장이 연락한 듯 현지 노인들이 마중나와 건물의 내력에 대해 자세하게 설명했다.

조선의용군은 1943년 4월, 섭현 남장촌에 자리를 잡았다. 정확한 행정명은 허베이성 섭현 하남점진 남장촌이다. 그리고 1944년 1월 조선의용군 주력이 옌안으로 떠나면서 태항산에 들어온 한인 청년들의 교육과 훈련을 위해 낡은 절간을 수리하여 조선군정학교를 세웠다. 차가 남장촌 조선군정학교 옛 공터 앞에 멈췄다. 남장촌은 하남진 정부에서 동쪽으로 어른 걸음이면 10여 분 정도 도착할 수 있는 거리에 위치하고 있다. 공터 앞쪽에는 낡은 무대가 설치되어 있다. '남장촌 문화활동중심'이라는 중국어와 함께 '중조한 우의기념대'라는 한글이 눈에 들어온다. 아마 이곳의 중국인들은 70년 전 한국인들이 활동했던 것을 기억하면서 이러한 현판을 내걸었던 것 같다. 주계운 선생은 비디오카메라로 무대 전반을 열심히 촬영하였다.

▲ 남장촌 중조한우의기념대

"주선생 이쪽으로 오세요." 나는 중조한우의기념대가 있는 공터 한 쪽에 남장촌 유아활동센터 건물부터 촬영해야 한다고 생각해서, 주계운 선생을 불렀다. 새로 지은 건물에 철대문이 있는데, 왼쪽에서 햇빛을 피하고 있는 남장촌 사람들이 촬영도구를 갖춘 지영철 기자의 동선을 따라 눈을 움직이고 있었다. 그들의 시선을 뒤로 한 채, 안으로 들어서자 작은 마당이 보인다. 마당 서쪽 단층 벽돌집이 바로 태항산 조선군정학교 건물이다.

1944년 9월에 설립된 태항산 조선군정학교는 교장에 무정이 취임하였으며, 정치 교원으로 양계, 중대장 이익성 등이 학교의 운영을 책임졌다. 무정의 처 김영숙은 조직과장으로 활동할 정도로 그들 부부의 역할이 컸다. 생도들은 수준에 따라 고급, 중급, 초급 반으로 나누어 정치학습과 군사훈련 및 학생자치와 문화클럽 활동을 했다.

▲ 혁명군정학교 동판

태항산 조선군정학교는 미국의 관심 대상이기도 했다. 인도 뉴델리 OSS에서 1945년 1월 5일에 작성된 북중국 첩보작전에 의하면 미국은 옌안의 한인 사회주의자들을 이용하여 만주, 한반도, 일본 등지에 대한 첩보활동을 추진할 계획을 세웠다. 미국 시찰단은 옌안의 군정학교뿐만 아니라 태항산 군정학교에도 방문하였다. 따라서 미국은 해방 직전 한국광복군과 조선의용군을 연합군의 일원으로 참전시킬 계획도 세웠던 것이다. 그만큼 조선의용군의 존재가치가 있었다. 1945년 5월, 태항산지구 조선군정학교 생도 수는 293명에 달했다. 이것은 무정의 보고에 의한 것인데 해방 직전에는 그 수가 더욱 늘어났을 것이다.

3층 짜리 신축 유치원 건물에는 아이들과 유치원 선생님들이 보였다. 아이들과 선생님 모두 방문객이 익숙한 듯 별 동요를 보이지 않고 있었다. 양쪽에 붉은 기둥을 앞세우고 있는 조선혁명군정학교 건물 입구 오른쪽에는 조선혁명학교 구지라는 동판이 부착되어 있다. 상영생 관장은 한단시의 지원으로 2012년 초에 부착되었다고 한다. 안에 들어서자 칠판에 한글로 자신의 친구 이름을 쓴 흔적들이 곳곳에 보였다. 장난기가 가득한 어른들이 모습이 투영된다. 상 관장은 이곳에 삭은 전시관을 꾸렸으면 하는 속내를 내비쳤다. 우리는 만족할 만한 대답을 주지 못한 채 내부 촬영을 마치고 군정학교를 서둘러 빠져 나왔다.

밖에는 남장촌 노인들이 남장촌 조선군정학교 교장을 역임한 무정의 숙소로 안내했다. 무정은 1905년 함경북도 경성군에서 태어났다. 청소년 시절 주로 서울에서 생활하였으며, 1924년 허베이성 빠오딩군관학교 포병과를 졸업했다. 지금도 중국 노인들 가운데 무정을 아는 이들은 그가 포를 장전하고 쏘면 백발백중이었다고 너스레를 떨곤 한다. 그만큼 무정은 중국 홍군에서는 중요한 인물이었다. 1942년에 태항산 화북조선혁명군사학교를 세운 무정은 1945년에는 다시 옌안으로 향했다. 노인들이 안내한 무정의 숙소는 예전에 절간으로 사용되었다고 한다. 규모는 세 칸 정도인데 현재는 일반인이 거주하고 있다. 회색 벽돌로 만들어진 이 집은 세월의 흐름에도 조용히 자리를 지키고 있었다.

윤세주와 진광화, 통일을 노래하다

남장촌에서 석문촌으로 가는 길에 일행은 '눈에 호사'를 마음껏 느꼈다. 중국의 그랜드 캐니언이라고 불리는 태항산록이 눈앞에 펼쳐졌다. 상영생 관장은 이 아름다운 풍경이 70여 년 전에는 전쟁의 포화 속에 있었다고 하면서, 최근 베이징대학교 학생들이 태항산에 정기

▲ 상영생 관장(왼쪽)과 필자

답사를 온다고 했다. 이유를 물었다. 상 관장은 "이곳 태항산이야말로 신 중국이 태어나게 된 상징적 장소의 하나이며, 또한 한중 공동항일투쟁 의 현장이다. 몇 해 전에는 윤세주의 고향인 경남 밀양의 흙과 진광화의 고향인 평양의 흙을 이들 묘역에 뿌 렸다"고 한다. 남과 북이 고향인 두 독립운동가들의 열망을 그대로 담 아 통일을 노래했다는 후대들이 자랑스러워 졌다.

　오후 3시 20분 석문촌 조선의용군열사기념관 공터에 도착했다. 상영 생 관장이 미리 연락을 해두었는지 인근 마을에 사는 촌로가 일행을 보 고 반색했다. 안내를 받으며 열사기념관으로 올라갔다. 주변 조경이 제 법 잘 되어 있는 조선의용군열사기념관은 한글과 중국어를 병기했다. 단층 건물의 이 기념관은 2005년, 윤세주와 진광화를 비롯한 항일투사 를 기념하기 위해 건립되었으며, 2011년에는 독립기념관에서 전시지원 을 받아 현재까지도 많은 한국인과 현지 중국인들의 애국교육기지로 사용되고 있다. 상영생 관장은 이 기념관이 양국에서 공동으로 항일투 쟁사를 기념하는 데 상징적인 역할을 한다고 강조하고 있다. 기념관 전 시물을 돌아보는 상 관장의 모습에서 왠지 독립기념관 직원으로서의 뿌듯함도 함께 전해졌다.

　조선의용군열사기념관 촬영을 마치고 일행은 윤세주와 진광화 묘역

▲ 조선의용군 열사기념관

이 있는 곳으로 올라갔다. 태항산록이 병풍처럼 둘러싸인 곳에 있는 윤세주 묘소와 진광화 묘소는 그야말로 풍수지리로 보면 명당자리인 것 같다. 올라가는 길에서 묘역 왼쪽이 윤세주 묘소이며, 오른쪽이 진광화 묘소이다. 가지런히 정렬되어 있는 조경수들이 이들 묘역을 지키고 있는 것 같다.

한중공동항일투쟁을 이끈
윤세주와 진광화
- 조선의용대, 태항산을 누비다-

　　　　왜 윤세주와 진광화는 이곳에서 영면을 취했을까. 그 감동의 시간을 따라가 보자. 윤세주는 익히 알려진 바와 같이 조선의용대원이다. 조선의용대는 1938년 10월 10일, 지금의 우한에서 창설되었다. 하지만 일제가 우한을 점령하면서 어쩔 수 없이 꾸이린으로 본부를 이전하였다. 조선의용대는 특히 연극을 활용한 '대민선전'을 아주 잘한다는 특징을 갖고 있다. 이뿐만 아니라 대일본선전과 한중공동항일투쟁 전선을 구축하면서 한국독립운동에 크게 기여하였다. 윤세주는 조선의용대의 주력이 1941년 봄에 황하를 지나 화북으로 이동할 때, 지대장 박효삼과 함께 조선의용대를 이끌었다.

팔로군 지구에 들어간 조선의용대는 1941년 7월 7일, 화북지대를 결성하였다. 다음해 7월 조선의용군 화북지대로 확대 개편되었다. 이 시기 조선의용대는 그야말로 최전선에서 처절하게 싸웠다. 윤세주는 북상한 후 조선청년연합회 진기로예 부회장을 맡았다. 그가 유능한 간부

▼ 윤세주와 진광화의 묘(현재는 허묘)

로서 또는 교관으로서의 역할을 훌륭하게 담당했다는 사실은 두말할 필요도 없다.

당시 화북 지역에서 조선의용대의 활동은 중국공산당에게 또다른 정당성을 확보하는 데 중요한 자산이 되었다. 그만큼 조선의용대의 활동은 중국공산당에게 관심의 대상이었다. 조선의용대가 조선청년연합회의 행동 부대였듯이 중국공산당 기관지인 『해방일보』에 진찰기지회 성립에 관한 기사가 지속적으로 실렸다. 신화사 전문으로 보도된 기사는 조선청년연합회 진찰기 지회가 한중 두 민족의 청년들이 항일공동작전을 수행하여 일본파시스트를 타도하는 데 더욱 큰 힘을 발휘할 것으로 기대한다는 내용이 주였다. 실질적으로 조선의용대원들은 대적선전활동을 하기 위해 김창만과 왕자인의 인솔 아래 최전방으로 이동하였다.

김두봉을 비롯한 조선의용대원들이 태항산에 도착했을 때, 중국측의 환영은 그야말로 격했다. 환영 행사는 단순한 행사가 아니었다. 동기 부여와 한중 연합 차원에서 이루어진 경우가 많다. 일회성 행사가 지닌 한계를 극복하기 위해 보다 다양한 행사를 준비했다. 특히 조선의용대도 항일투쟁상 주역이었다는 점을 강조하였다. 1942년 6월 28일, 유수점 의과대학 대강당에서 개최된 조선의용대원 환영회 역시 이와 무관하지 않다. 윤치평과 조열광이 전방에서 활동하고 있는 조선의용대의 활약상을 보고하고, 옌안에서 느낀 바를 표현하였다.

화북지역에서 활동했던 조선의용대원들의 생활은 전쟁 그 자체였다. 게다가 일제는 1941년부터 1942년까지 화북지역 항일근거지를 제거하기 위해 이른바 '소탕'작전을 펼친다. '소탕전'이 격렬하게 진행되면서 이에 대항하는 반소탕전 역시 치열하게 전개되었다. 팔로군의 심장부인 전선총사령부에 일본군이 밀려들기 시작하였다. 1942년 5월 24일경이었다.

일제의 공격으로 순국한
윤세주와 진광화

조선의용대의 주축인 윤세주·김두봉·진광화는 '소탕전'에서 일본군의 추격을 뿌리치면서 이동하였다. 하지만 1942년 5월 28일 새벽녘, 윤세주와 진광화는 일본군에게 정체가 발각되어 대치하던 중 진광화는 총에 맞아 그 자리에서 전사하였으며, 윤세주는 최채의 도움을 받아 피신하였다. 당시 급박했던 상황을 중국 옌변조선족자치주 초대 부주장을 지냈던 최채의 회고록을 통해 잠시 재현해 보겠다.

나는 석정(윤세주) 동지와 나란히 행군했습니다. 우리 앞에는 진광화가 걸어가고 있었답니다. (중략) 헌데 한참이나 미친듯이 총질하던 놈들이 내가 죽은 줄 알았던지 사격을 멈췄습니다. 놈들이 떠나자 나는 석정이 뛰어가던 길을 따라가면서 살폈습니다. 얼마 가지 않아 나는 허벅다리에 총을 맞고 쓰러진 석정을 발견했습니다. 그때까지도 석정의 다리에서는 붉은 피가 흐르고 있었습니다. 나는 가슴이 마구 터지는 것 같았습 ▲ 윤세주니다. 내가 옷을 찢어 그의 상처를 싸매주려 하자 석정이 나를 밀쳤습니다. '그럴 새가 없소.' 진광화 동지가 어떻게 되었는지 가보고 오오. 아래서 악하는 소리가 나는 것 같았소. 빨리 가보오.

한중공동항일 투쟁 과정에서 순국한 윤세주와 진광화의 모습이 중국인들에게는 무한한 감동으로 다가왔다. 『해방일보』 1942년 7월 31일 자에 윤세주와 진광화를 비롯한 조선의용대원들의 합동장례식 거행을 알리는 기사가 게재되었다. 이는 6월 2일에 순국한 윤세주에 대한 첫 기사이기도 하다. 약 두 달 만에 반소탕전에 희생당한 조선의용대원들의 기사가 게재된 것이다. 일본군의 '소탕전' 기간 동안 중공의 타격으로 인해 언론 보도 역시 기존과 달리 신속하게 전황을 보도하기에 한계가 있었기 때문일 것이다. 신화사 전문으로 작성된 이 기사에서는 반소탕전에서 희생 당한 조선의용대원들의 업적을 기리기 위한 특별 기념 방안을 마련한다고 했다.

첫째 국제혁명전우인 조선의용대는 중한 두 민족의 해방을 위해 온갖 어려움을 극복하고 혹은 적 후방에서 혹은 전선에서 우리와 어깨를 나란히 하고 영용한 투쟁을 전개하였다. 그러나 간고한 투쟁 과정에서 불행히도 석정 동지를 비롯한 많은 조선의용대원이 희생되었다. 동지들의 장렬한 희생은 중한 양대 민족에게는 엄청난 손실이 아닐 수 없다. 중국항전을 위해 희생된 선열들을 추도하며 위대하고 고귀한 국제혁명 우정을 영원히 기념하기 위해 9.18기념일 당일 태항구 모처에서 선열들의 합동장례식을 거행하기로 결정하였다. 합동장례식을 위한 준비는 구당위와 129사단 정치부가 중심이 되어 진기로에 변구 참의회 및 변구정부와 협의하여 진행한다. 기타 각 기관단

열사의 독립정신을 추모하며,
감동의 추도식

◀ 진기로예 열사능원

반소탕전에서 희생 당한 윤세주는 열사로 불렸다. 그만
큼 그들의 희생을 추모하면서 전열을 가다듬고 국제연대를 공고하게 하
기 위한 사업의 필요성이 중공 측에서도 대두되었다. 제18집단군 야전정
치부에서 국제 전우를 기념하는 지령을
발포하자 각 지방에서도 이와 보조를 맞
추어 각종 기념방법들이 제정되었다. 추
도식은 9월 18일에 진행하기로 결정했
다. 추도식은 먼저 "동지들은 중국의 반
파시스트 전장에서 유명을 달리했습니
다. 동지들은 반파시스트 투쟁 중에 사
망했습니다. 동지들의 죽음은 남겨진 우
리와 우리의 조국 조선의 영광으로 길이
기억될 것입니다."라는 만가가 울려 퍼
지면서 온통 침통한 분위기로 뒤덮였다.
이윽고 팔로군 총사령관 주덕(朱德)의 추

도사가 뒤를 이었다. 그는 조선의용대가 숭고한 국제정신에 입각해서 조국의 독립과 자유를 쟁취하기 위해 전력을 다했다는 점을 강조했다. 국제주의 연대와 한국의 독립을 불가분의 관계로 인식하였다. 여기에는 조선의용대의 5년간 활동상도 크게 작용하였다. 그들의 희생이 한국인과 중국인들의 가슴 속에 영원히 살아 있으며 조국 해방을 위해 일치단결할 것을 호소하였다.

> 자유를 위하여 희생된 투사들의 생명은 영원할 것이다. 그들의 전투 정신은 자유를 쟁취하기 위하여 싸우는 중국과 조선 국민들의 마음 속에 살아 있을 것이다. 그들이 몸 바쳐 싸운 위업은 더 많은 투사들에 의하여 계승 완수될 것이다. 우리들은 조선의 우수한 투사들의 희생을 몹시 애석히 여긴다. 그러나 여명은 오래지 않아서 다가올 것이다. 우리들은 조선의 혁명 동지들이 화북의 우리 군민과 긴밀히 단합하여 화북의 20만 조선 인민과 더 널리 단결하여 오래지 않은 앞날에 긴 밤의 어둠을 물리치고 올 여명의 서광을 맞이하기 위하여 굳게 손잡고 용감히 적들을 무찌르고 전진하기를 희망한다.

주덕의 뒤를 이어 중공 정치위원 엽검영(葉劍英)의 추도사가 있었다. 그의 추도사는 조선의용대의 창설과 그 활동을 자세하게 언급하면서 동방피압박민족 연대 속에서 조선의용대의 위상을 강조했다. 앞사람이 쓰러지면 뒷사람이 이어나가 죽음을 초개와 같이 여기는 조선의용대원들의 정신은 반파쇼 투쟁에서 큰 기여를 했다고 한다. 그러면서 중국과 함께 공동항일전선을 구축하여 한국의 독립을 쟁취하는 데 분투해야 한다는 것으로 추도사를 마쳤다.

중국에 온 조선 동지들이 과거의 성과를 계속 발양하고 선열들의 피어린 발자국을 밟으며 나아가면서 화북에 있는 조선 인민의 모든 반일 역량을 단결시키는 데 더 큰 노력을 경주하기를 바란다. 그리고 조선동지들이 중국의 항전에 배합하여 더욱 강력하고 지구적인 투쟁을 전개해 나감으로써 국제 형세의 발전에 발맞추어 나가서 장래 일본 파쇼를 격파하고 조국을 광복하며 독립, 자주의 새 조국을 건설하기를 희망한다.

물론 주덕과 엽검영의 추도사로 조선의용대의 활동과 희생을 완벽하게 재연할 수는 없을 것이다. 다만 중공의 핵심 인물인 이들이 조선의용대원들의 희생 앞에서 '영광과 불멸의 죽음'으로 칭송한 것은 단지 전우에 대한 예의만을 아닐 것이다. 거기에는 조선의용대가 5년간 중국의 전장에서 누볐던 감동스러운 활동이 있었다. 그 희생의 여정이 중국인들의 마음을 움직였음은 새삼 논할 필요가 없다. 추도식은 밤늦도록 진행되었으며, 분위기는 더욱 침통해졌다. 일본제국주의에 대항한 11인의 전사들은 한중일 인사들의 추도 아래 영면하였다. 이들의 정의로운 희생과 불멸의 죽음은 한중 간의 영원한 동지라는 인식과 반파쇼 투쟁의 지속적이고 암묵적인 동의를 이끌어냈다는 데 그 의의가 있다. 윤세주를 비롯한 조선의용대원들의 희생이 세계인들의 가슴 속에 영원히 살아 있다는 것을 보여준 좋은 예가 이 추도식이 아닌가 한다.

태항산록 어딘가에 이들의 혼령이 한중 양국의 공동항일투쟁을 복원하고 미래 통일된 대한민국을 바라고 있다는 생각이 잠시 들었다. 가슴 설절한 이들의 이야기가 과연 후대에게는 어떻게 전해질까. 상영생 관장과 일행은 섭현에서의 하루를 이렇게 정리했다. 일행은 상영생 관장이 미리 정해둔 섭현에서 규모가 큰 용산빈관으로 이동했다. 섭현에 오면 항상 들리는 숙소인 용산빈관은 호텔보다는 펜션에 가깝기 때문에 아침이면 운동하기에 적합한 곳이다. 용산빈관에 도착하니 벌써 저녁 식사가 준비되어 있다. 기름진 중국음식으로 섭현에서의 답사 1일차가 저물어 갔다.

좌권현에서 만난
순국선열기념비

중국 허베이성 섭현에서 두 번째 날, 새벽 3시경 번개와 천둥 소리에 잠을 깼다. 비가 억수같이 오고 있다. 오늘 일정이 걱정이다. 조금 지나면 괜찮아지겠지 하는 마음으로 다시 잠을 청했다. 새벽 5시, 도저히 잠이 오지 않았다. 밖을 보니 다행히 비가 멈추었다. 모든 게 싱그럽게 보였다.

허베이성 섭현에서 허난성 좌권현 마전으로 가는 길은 생각보다 잘 정비되어 있었다. 아침을 서둘러 마치고 일행은 8시에 좌권현으로 향했다. 좌권현 마전진 운두저촌에 도착하니 상영생 관장이 미리 연락한 듯 촌부 한 분이 마중나와 있었다. 운두저촌에는 조선의용군 주둔지와 함께 2002년 한국과 중국이 합작해서 세운 순국선열전적비가 서 있었다. 조선의용군 주둔지 바로 옆에는 수령 500년을 알리는 느티나무 고목이 무덤덤하게 우리를 반기는 듯했다. 70여 년의 세월이지만 느티나무에게는 그리 오랜 세월은 아닐 것이다. 조선의용군이 사용했던 숙소

▲ 운두저촌 순국선열전적비

는 지금은 아무도 살고 있지 않다. 2012년 4월, 이곳에도 조선의용군 유적지를 알리는 표지판이 부착되었는데, 상영생 관장과 나는 건물 안에 덩그러니 놓여 있는 표지판을 하염없이 바라보았다.

한국독립운동의 흔적을 간직한 곳, 운두저촌
 -조선의용군, 글로 독립운동을 하다

조선의용군 주둔지 바로 옆에 있던 순국선열비는 현재 공터 앞에 이전하여 세웠다. 비석에 생긴 균열을 상영생 관장이 독립기념관에 통보했고, 당시 독립기념관 김성기 학예사가 직접 현지를 확인한 후 지방정부와 협의하여 공터로 이전하였던 것이다. 그리하여 2002년 12월

26일에 한국의 순국선열유족회와 중국 좌권현 정부에서 조선의용대의 활동을 기리기 위해 순국선열기념비를 건립하였다. 이 비는 다음과 같은 비문을 머금고 있다.

"이곳 운두저촌은 일체 침략을 물리치기 위해 조선의용군이 중국 인민과 함께 싸운 얼이 서려있는 곳이다. 조선의용군은 조국 광복을 위해 1940년 7월부터 1942년 2월까지 이곳을 중심으로 한 항일독립전투에서 많은 공적을 쌓았고 희생도 컸다. 태항산 항일전 승리 60주년과 한중수교 10주년에 즈음하여 대한민국 국가보훈처의 지원으로 2002년 10월 10일 좌권현에서 최초로 태항산 항일전 희생열사 추모제와 한·중 국제학술회의를 개최하였으며, 선열들의 숭고한 독립정신과 공훈을 기리고 희생을 되새기기 위해 이 비를 세우는 바이다. 2002년 12월 26일 대한민국순국선열유족회, 중국좌권현인민정부."

▲ 운두저촌 조선의용군 주둔지 내부

상영생 관장은 비에 얽힌 사연을 이야기하면서 조선의용군이 글로 독립운동 했던 현장으로 일행을 이끌었다. 순국선열전적비에서 마을 중앙을 지

▲ 운두저촌 표어

나 북동쪽으로 가는 길에는 중국식 옛 기와집들이 드문 드문 고개를 들고 일행을 반겼다. 비포장 도로를 따라 약 100미터 정도 가니 누각 하나가 서 있다. 누각 현판에는 '조선의용군항일표어-현급문물보호단위'라는 글씨가 새겨져 있다. 좌권현 운두저촌에서만 볼 수 있는 항일표어 현판이다. 그런데 현판 밑에는 빨간 종이에 '부귀평안'이라는 표어(?)가 나란히 붙어 있다. 중국인들이 부적을 이곳에 붙인 모양이다. 어찌되었든지 이 누각이 바로 조선의용군 표어를 머금고 있는 누각임에는 틀림없다. 누각은 원형을 그대로 보존한 것처럼 보이지만 곳곳에 보수의 흔적이 많았다. 독립기념관에서 일부 지원해서 많이 훼손된 타원형 지지대를 보수했다. 2012년 5월의 일이다.

▲ 운두저촌 당집 누각

마을 입구의 당집 누각은 1층 석조 아치문과 2층 벽돌 맞배지붕으로 되어 있는데, 3개 벽면에는 조선의용대 대원들이 써

놓은 표어가 지금도 남아있다. 남쪽 벽에는 "왜놈의 상관(上官)놈을 쏴죽이고 총을 메고 조선의용군을 찾아오시요!"라고 쓰여 있고, 북쪽 벽에는 "조선말을 자유대로 쓰도록 요구하자! 前志願兵"라고 쓰여 있다. 표어들은 오랜 시간 속에서 퇴색되었던 부분을 최근 흰색 페인트로 새롭게 덧칠하였다. 누각에서 멀리 태항산지구의 아름다운 산들이 묘한 조화를 이루고 있다. 2002년에는 이곳에 조선의용군주둔지 표지석을 설치했는데 한쪽 면에 금이 가서 보수가 필요해 보였다.

조선의용군 표어의 상태를 확인하고 운두저촌 입구로 나오던 중, 여러 명의 노인들이 상영생 관장에게 조선의용대의 당시 상황을 이야기 해주었다. 85세의 조씨 성을 가진 노인은 조선의용대 표어가 이 마을에 10개가 있었지만 집을 보수하면서 벽에 있는 표어가 사라졌다고 한다. 중국 시골의 인심은 그래도 넉넉한 편인가 보다. 살구 한 바구니를 주면서 출출할 때 요기하라고 한다. 그 정성에 다시 한 번 가슴이 뭉클해졌다.

운두저촌을 지나
상무촌으로

10시 30분, 운두저촌을 떠난 지 30분이 지나 상무촌에 도착하였다. 이곳 상무촌은 작은 산간마을이다. 1941년 8월, 조선청년연합회는 이 마을의 조선의용대 신입대원들을 교육시키기 위해 간부훈련반을 개설하였다. 조선의용대 화북지대 지대장 박효삼이 교장을 맡고, 최창익이 정치위원을 맡았다. 최창익·김학무·한빈·윤세주·진광화·박무

▲ 상무촌 기념비

등이 교사로 재직하였다. 훈련반의 훈련내용은 정치와 군사 및 과외활동이었다. 정치는 조선문제와 정치상식과를 설치하여 교육시켰다. 윤세주는 조선문제를 강의하면서 사회경제 및 혁명의 동력에 대해서도 교육시켰다. 상무촌에 개설된 간부학교에서는 많은 항일 동량을 배출하였다.

　날이 좋지 않았다. 금방이라도 비가 올 듯했다. 마음이 급해졌다. 전문 사진가를 대동하고 오는 첫 번째 방문이기 때문에 더욱 그러했다. 상무촌에 들어서자 2002년 한국과 중국이 합작해서 세운 또 다른 순국선열전적비가 눈에 띄었다. 이 기념비는 운두저촌과 양식이 비슷했으며, 한중수교 10주년 즈음해서 세운 것이다. 기념비에 대한 촬영이 한참일 때, 마을 청년 한 명이 어디에서 왔냐고 물어 왔다. 한국에서 왔다고 했더니 '보통화'를 할 줄 안다면서 다른 사람에게도 이 사실을 알렸다. 시골에서 이방인은 아직도 구경거리가 되는구나 생각하니 이 곳이 오지임을 새삼 느꼈다. 기념비에서 30미터 북쪽으로 떨어진 곳에 '조선의용군 주둔지' 동판이 부착된 사당이 보였다. 조선의용군은 각 지역에 주둔하면서 민가의 폐해를 줄이고 많은 인원이 생활할 수 있는 곳, 바로 관제묘와 같은 사당을 택했던 것이다. 현판은 2012년 4월 청명절에 부착한 것이다. 건물 규모는 크지 않았지만 보존은 잘 된 상태였다. 마을 주민들이 1995년에 세운 중수비도 그곳을 지키고 있었다.

▲ 조선의용군 무명열사묘역

무명용사 묘

　　마을 하늘에 구름이 더욱 까맣게 변하자 나는 상영생
관장에게 무명열사 묘에 가자고 재촉했다. 조선의용군주둔지에서 500미
터 북쪽에 위치한 무명열사 묘에는 얼마 전에 누군가 다녀간 듯한 흔적이
있었다. 잘 관리되고 있는 묘였다. 이곳을 지키는 이가 조은경(趙恩景)이라
는 노인이라고 들었다. 무명열사 묘에서는 상무촌이 한눈에 들어왔다. 그
들의 조국사랑 정신을 다시 한 번 느꼈다. 묘에서 하산하는데 상영생 관
장이 한 군데 더 볼 곳이 있다고 했다. 그곳에는 주인 없는 조선의용군 주
둔지 동판이 부착되어 있었다. 3분 정도 지났을까. 노인 한 분이 와서 남
의 집에서 무엇을 하느냐고 했다. 다행이 상 관장과는 아는 사이였다.

"닌꾸이싱"
"자오"
"니더 밍즈"
"인징, 자오인징"

▲ 조은경 노인(우측 두번째)

아 조은경 노인이구나. 올해 83세라고 한다. 한국독립기념관에서 왔다고 소개하니 명함 한 장을 달라고 한다. 이곳에 한국인이 제법 오는 모양이다. 특히 학생들과 기념사업회 관계자들이 연례행사로 이곳을 찾아 오고 있다고 했다. 우리는 작은 선물로 답례를 하였고, 그가 조선의용군 무명열사를 수십 년간 지킨 것에 비하면 초라하지만 마음을 담아서 드렸다는 안도감으로 상무촌을 벗어났다.

열사들의 혼을 만나러 가다, 진기로예 열사능원

오후 세 시 반, 조은경 노인의 진한 감동을 뒤로 하고 진기로예 열사릉에 도착했다. 진기로예(晋冀魯豫)는 산시, 허베이, 산둥, 허난을 일컫는다. 이 곳을 찾은 이유는 석문촌에 조성되었던 좌권, 윤세주, 진광화 묘가 1950년 이 열사능원으로 모셔졌기 때문이다. 능원은 도로를 경계로 북쪽과 남쪽으로 나뉘어 있는데, 북쪽 능원에는 좌권(팔로군 총지휘부 부참모장) 장군의 묘가 있고, 남쪽 능원(진기로예 인민해방군 열사 공묘)에는 윤세주 열사의 묘가 있고, 서편으로는 진광화 열사의 묘가 있다. 정문에서 비라본 능원비는 그 웅장함을 자랑하고 있다.

잘 정비된 능원 정문을 지나 오른쪽에 위치한 윤세주 열사의 묘를 면

저 찾았다. 가지런한 나무들이 열병하듯 일행을 맞아 주었다. 윤세주 열사 묘소 앞에는 검은 대리석의 묘비가 있다. 묘비에는 석정 윤세주 열사라고 각인되어 있다. 묘비의 내용을 재구성하면 대략 이러하다.

1919년 지린성 지린시 파호문 밖에서 13명의 결사대가 모여 '조국의 광복을 위해'라는 기치 아래 의열단을 조직하였다. 석정 윤세주는 그 가운데 한 명이었다. 의열단 조직 후 그는 국내외를 넘나들면서 독립운동의 영역을 넓혀 나갔다. 그가 의열단 사건으로 6년 여를 복역한 후 다시 난징에서 또 다른 방향의 독립운동을 전개하였던 것은 활동 영역뿐만 아니라 독립운동의 질적 변화를 추구하였음을 반증한다. 1942년 5월 태항산 전투에서 순국한

▲ 진기로예 열사능원

▲ 진기로예 열사능원 (윤세주 묘)　　　▲ 진기로예 열사능원 (진광화 묘)

후 석문촌에 있는 묘를 1950년 이곳으로 이전하였다.

잠시 동안 묵념으로 후생들의 인사를 대신하고 진광화 열사 묘로 이동했다. 진광화 열사 묘는 원형으로 되어 있으며, 묘소 옆에는 진광화 열사의 약력이 기록된 묘비가 서 있다.

조선혁명열사 진광화 동지 묘지. 열사의 원명은 김창화이다. 1911년 평안남도 대동군 고평면 평천리에서 태어났다. 그는 1931년 국내에서 중학교를 졸업한 후 항일의 뜻을 두고 중국으로 망명하였다. 그는 1937년 광동성 중산대학 교육학부를 졸업하였으며, 한국국민당과 조선청년전위단의 활동에 참가하였다. 1936년 중국공산당에 가입하였고, 1938년 화북 태항산 항일근거지에서 중요한 사업을 담당하였다. 1941년 화북 조선청년연합회를 설립하였으며, 1942년 5월 태항산 반 소탕전에서 희생당하였다. 진기로예변구당정군민 및 조선독립동맹, 조선의용군 화북지대는 열사의 공적을 추모하여 묘타국에서 잠든 열사들에 대한 우리의 책무는 과연 무엇일까. 수십 년간 잊혀진 공간과 세월의 흔적을 조금이나마 기억하는 것이 그들에 대한 예가 아닐까 생각하면서 숙소로 향했다. 숙소는 상영생 관장이 미리 예약해 두었던 한단 시내의 '한단 종태주점'이었다. 벌써 답사의 절반이 지났다. 내일을 기약하면서 서둘러 인사를 마치고 우리는 각자의 위치로 갔다.

호가장 전투,
네 열사의 혼이 깃든 곳

호가장과 싱타이에서 전사한 네 분의 독립투사를 만나러 가는 길이다. 황북평 4열사 묘는 2002년 독립기념관 실태조사시에는 누락한 곳이기도 하다. 반드시 조사해야겠다고 생각하고 또 생각했다. 날씨도 심상치 않았다. 그날도 그랬을까.

아침 8시에 출발한 차는 9시 40분경에 고읍(高邑) 나들목을 지나 지방도로를 타고 찬황에 있는 4열사 묘소로 향했다. 가는 동안 어마어마한 대형트럭들이 옆을 지날 때마다 뒷 자석에 탄 주계운 선생은 탄복하는 듯했다. 과장하면 100톤 정도의 트럭들이 쉴새없이 지나간다. 무질서와 질서가 공존하는 지방도로의 흔한 모습이기도 하다. 그래도 지나치다. 아마 대륙의 물류상 불가피한 현상이라고 생각하는 것이 편하겠다.

생각보다 시간이 오래 걸려 11시 30분에 황북평촌 입구에 도착했다. 덤프트럭과 중장비가 길을 넓히고 있었다. 황북평촌 입구에는 조선의 용군선열묘 입구라는 표지석이 서 있었다. 그런데 각종 전단지로 한쪽 면이 가려져 있었다. 나와 주계운 선생은 누가 먼저랄 것도 없이 생수 병을 따서 전단지에 물을 뿌렸다. 생수통 5병 정도를 붓고 전단지를 말 끔하게 처리한 다음 지영철 선생의 프로 촬영이 시작되었다. 옆의 공 사장 간부는 "이번 공사 때 이 기념비를 20미터 위쪽으로 이전한다" 고 했다. 도로 확장으로 어쩔 수 없다고 했다. 입구 표지석에서 약 20 미터 남쪽으로 내려 오자 2002년에 세운 순국선열 전전비가 서 있었

▲ 황북평촌 입구의 조선의용군선열묘 표지석

다. 주변은 쓰레기가 널려 있었지만 다행히 철책을 둘러놓았기 때문에 전적비 내부는 깨끗한 편이다. 2002년 12월에 순국선열유족회에서 조선의용군 관련 유적지에 대한 기념으로 모두 3개의 기념비를 세운 것이다. 장한 일이다.

▲ 황북평 순국선열기념비

이제 호가장 전투에 대해서 잠시 알아보고, 당시 순국한 분들을 찾아가 보자. 조선의용대는 무장활동을 적극적으로 전개하였다. 무장선전활동을 하면서 두 차례의 전투도 함께 치루었다. 그 대표적인 전투가 호가장 전투이다.

1941년 11월 12일부터 29일까지 선전물 준비 및 지방정형조사와 자체 정신동원공작 등의 준비를 통하여 무장선전활동에 대비하였다. 20여 명의 대원들은 원씨현에서 좌담회를 갖고 군중집회도 전개했다. 원씨현에서 활발한 선전활동을 전개한 조선의용대 화북지대 제2지대는 원씨현 공작을 끝내기 위해서 민중대회를 12일에 개최하기로 했다. 그런데 조선의용대의 동향을 세밀하게 주시해 온 일본군이 제2지대를 공격하기 위해 11일부터 준비해, 12일 새벽에 300여 명을 동원하여 제2지대를 공격하였다. 대원들은 짐을 쌀 틈도 없이 총만 가지고 집합하여 서쪽 고지를 점령하려 했으나, 일본군의 맹렬한 사격 때문에 여의치 않았다. 방향을 남쪽으로 바꾸었지만 일본군의 사격을 피할 수 없었다.

대원들은 기관총과 소총으로 대응사격하면서 포위망을 돌파하려 했다. 몇 배나 강한 적의 화력을 뚫고 대부분의 대원들은 탈출했으나 손일봉·최철호·왕현순·박철동 등이 희생되었다. 해방 후 옌변문학계의 상징이 되었던 김학철도 이때 중상을 입고 체포되고 만다.

황북평 4열사 묘역,
술 한잔으로 기리는 열사의 넋

가늘게 빗방울이 떨어진다. 약 5분 정도 걷기 시작하자 빗방울 크기가 대추만큼 커졌다. 우산을 준비하고 황북평촌 초입 허름한 가게에 들러 이 지방의 술을 사들고 네 분의 열사가 모셔져 있는 촌뒷산으로 올라갔다. 묘가 가까워 질수록 가지런히 자갈을 깔아놓은 도로가 마치 우리를 정성을 다해 모시는 것 같았다. 묘에 도착했을 때 신기하게도 비가 멎었다. 늦게 온 후생에 대한 하늘의 배려였을까. 맨 앞에는 순국선열기념비가 있으며, 비문에는 안중근의사의 유묵으로 유명한 '국가안위 노심초사' 라는 문구가 눈에 확 들어왔다. 그 뒤로 왼쪽부터 박철동, 손일봉, 이성순(왕현순), 최철호(한청도) 열사의 묘가 모셔

▲ 황북평 4열사 기념비

져 있다.

술병을 따고 한 분 한 분에게 정성스럽게 술을 올렸다. 진한 감동이 몰려왔다. 고향을 잊지 못하고 남동쪽을 바라보는 그분들. 1941년 12월 15일 조선의용대원 및 찬황현 각계 인사 수백 명이 황북평에 모여 호가장전투에서 희생 당한 열사들을 위해 성대한 장례식을 거행하였다. 다시 한 번 기억해 보자.

황북평 4열사에 대한 기억

박철동(1915~1941)은 충북에서 태어났으며, 충주 학생운동에 참가하였다가 일제의 감시가 심해지자, 1931년 중국으로 망명하였다. 1933년 야학에서 난징 조선혁명당으로부터 파견된 동지 한 사람을 알게 되어 그의 소개로 10월 초에 난징으로 출발하였다. 도중에 난징에서 일경에게 체포되기도 하였으나, 탈출한 후 1934년 1월 초에 뤄양군관학교(洛陽軍官學校) 제2기생으로 들어갔다. 그 다음 1년 반 후에 동교를 졸업한 그는 1935년 7월에 조선민족혁명당(朝鮮民族革命黨)에 가입하였다. 그해 혁명당의 명령에 따라 화남으로 파견되어 가던 도중 푸젠성 첸저우(泉州) 나루터에서 일군에게 피체되었다. 그는 곧 일본 큐슈로 압송되어 징역 3년을 받고 큐슈감옥에서 옥고를 치렀다. 1938년 가을, 출옥한 그는 고향으로 돌아와 머무르다가 일경의 눈을 피하여 중국의 운성(運城)으로 탈출하였다. 운성에 도착한 후에는 애국청년들을 모아 반일 활동을 전개하다

▲ 황북평 4열사 묘역

가 1939년 조선의용대에 가입하였다. 1941년 12월 12일, 허베이성(河北省) 원씨현(元氏縣) 호가장(胡家莊) 부근에 주둔하고 있던 중 일본군으로부터 불의의 습격을 받아 이에 맞서 싸우다 전사 순국하였다. 대한민국정부는 박철동에게 애국장을 추서하였다.

손일봉(1912~1942)은 평안북도 의주에서 태어났다. 1931년 중국 청도(靑島)로 건너가 조선민족해방투쟁동맹(朝鮮民族解放鬪爭同盟)의 일원으로 반일활동에 참가하였으며, 상하이(上海)에서 한국인 밀정을 제거하는 활동을 하였다. 또한 그는 윤봉길 의사의 홍구공원 투탄의거의 공모자 중 한 사람이었다. 1934년 중앙육군군관학교 군관훈련반에 입교하여, 1935년에 동교를 졸업하고, 10월에는 중앙육군군관학교 광둥 제4분교에 재입학하여 1938년에 졸업하였다. 그 후 포병 53단에서 활동하였고, 이어 포병 56단에 파견되어 간부훈련단 교관 및 탄약대장을 역임하였다. 그 뒤 다시 포병 54단에 파견되어 전차방어포 연장(連長)을 역임하면서 허난성과 후베이성 일대의 대소 전투에 수십 차례 참전하였다. 1940년에는 민족혁명당원(民族革命黨員)으로 조선의용대에 입대하여 제1지대 제1전구 사령부에 소속되어 있다가, 1941년 조선의용대 화북지대 분대장으로서 화북적후공작을 전개하였다. 그러나 그해 12월 12일, 호가장에 주둔하고 있던 중 일군에게 기습 당하여 주력부대를 호위하기 위해 맞서 싸우다가 전사 순국하였다. 대한민국 정부는 손일봉에게 애국장을 추서하였다.

왕현순(1918~1941)의 본명은 이정순이며, 평안북도 벽동에서 태어났다. 1933년에 중국으로 건너간 그는 난징의 의열단 간부학교인 조선혁

▲ 황북평 4열사 묘역

명군사정치간부학교를 제2기생으로 졸업하였다. 그 후 의열단의 중앙
당 연결업무를 맡아 활동하였고, 1936년 2월에는 민족혁명당(民族革命
黨) 조직 검사국의 직원으로 활동하였다. 계속하여 광둥국립중산대학
부중(廣東國立中山大學附中) 및 중원중학(仲元中學)에서 수학하였으며, 중앙
육군군관학교(中央陸軍軍官學校) 특별 훈련반에서 훈련을 받은 뒤 1938
년 5월에 졸업하였다. 이어 조선의용대에 입대하여 제2지대에 배치된
뒤 상북(湘北) 일대에서 활동하다가, 1940년 남악(南嶽)으로 이동, 유격
훈련을 마친 뒤 화북지방으로 진출하여 임무를 수행하였다. 조선의용
대 제2지대는 적후의 동포들을 위하여 강력한 혁명무장대오를 건립한
다는 목표 아래 적후방에 침투하여 대적선전과 유격전을 전개하여 수
십 차례에 걸친 격전을 치렀다. 특히 1941년 12월에는 허베이 싱타이(邢
台) 부근에서 일본군과 격전을 치러 백여 명을 사살하고 무수한 전리품
을 획득하였다. 이것은 조선의용대가 중국형진에 참가한 이래 최대의
전과였다. 그러나 이 전투에서 그는 동지 3명과 함께 적탄에 맞아 전사

순국하고 말았다. 대한민국 정부는 애국장을 왕현순에게 추서하였다.

한청도(1915~1941)의 원명은 최철호이다. 충남 대전 출신으로 1935년 중국 남경에서 본격적인 항일독립운동을 전개하였다. 1938년 5월 중국 중앙육군군관학교 특별훈련반을 제6기로 졸업하고 한커우(漢口)에 와서 조선청년전시복무단에서 항일선전 임무에 전력하였다. 같은 해 10월에는 조선의용대에 가입하여 제5전구와 제1전구에서 대적선전사업에 종사하였다. 1940년 조선민족해방투쟁동맹(朝鮮民族解放鬪爭同盟)에 가입하여 활동하였고, 시안으로 가서 조선의용대 시안판사처(西安辦事處) 주임에 임명되었다. 다음 해인 1941년에 조선의용대는 적후방의 혁명무장대오를 건립하기 위하여 대적선전과 유격전을 진행하여 전후 수십 차례의 격전을 치렀다. 특히 같은 해 12월 26일, 허베이(河北) 싱타이(邢台) 부근에서 조선의용대 제3지대는 적과 격전을 치러 백여 명을 사살하고 무수한 전리품을 획득하였다. 이것은 조선의용대가 중국항전에 참가한 이래 최대의 전과로 싱타이(邢台) 전투라 하는데, 이 전투에서 그는 동지 4명과 함께 적의 공격에 맞서 싸우다가 적탄에 맞아 전사 순국하였다. 대한민국정부는 한청도에게 애국장을 추서하였다.

하산할 때가 되니, 다시 비가 내리기 시작했다. 정말 억수로 내린다. 점심을 간단히 해결하고 스자좡으로 가는 길. 그야말로 차가 아니라 배를 탄 느낌이었다. 운전기사는 차량 와이퍼가 불량하다고 새로 사야겠다고 하면서 가게를 두 군데나 들렸지만 결국 허탕만 쳤다. 빗줄기가 조금 가늘어졌지만 도로는 그야말로 물바다였다. 대형트럭은 자신의 지위를 뽐내듯 마음껏 달렸지만, 승용차는 걸음마 수준으로 가고 있었다. 윈씨 현 나들목에 도착한 것은 3시가 넘어서였다. 불과 70킬로미터를 2시간 반 만에 도착한 것이다. 도로에 물이 빠지지 않는 것은 천재라기 보다는 인재인 것 같다. 스자좡 숙소인 서미상무주점에 도착했을 때는 벌써 4시가 넘어가고 있었다. 상영생 관장은 여기에서 헤어지기로 했다. 며칠 동안 밤낮으로 한중공동 항일투쟁을 이야기 한 동반자인 그는 진정한 한중교류의 전도사였다. 사적지 하나를 하루 온종일 걸려서 조사한 보람은 느껴보지 않은 사람은 모를 것이다. 비록 그것이 고되고 험난한 일일지라도.

허베이에서 베이징으로

주문빈의
흔적을 찾아서

　　스자좡(石家莊)은 베이징에서 남쪽으로 약 300킬로미터 떨어진 곳에 위치하고 있으며, 허베이성의 수부이다. 스자좡은 일제강점기 한인들이 많이 거주하였으며, 특히 한국광복군 제1지대원들은 이곳에서 일본군과 항전을 벌이기도 했다. 또한 님웨일즈의 저서 『아리랑』의 주인공인 김산이 일본어 학습소를 운영하던 곳이기도 하다.

▼ 화북열사능원 정문

▲ 화북열사능원 기념비

우리는 스자좡의 숙소였던 서미상무주점에서 오전 9시에 출발하여 주문빈 열사가 묻혀 있는 화북열사능원으로 향했다. 스자좡시 중산서로 343번지에 위치한 화북열사능원의 정식 명칭은 화북군구열사능원(華北軍區烈士陵園)이었다. 전체 면적은 21만 제곱미터이며 중국에서 가장 일찍 조성된 열사능원 가운데 하나이다. 1948년 공사가 결정되었으며, 1950년 준공되어 대외개방은 1954년에 이르러서야 가능했다. 원래 계획대로라면 빠오딩으로 향해야 했지만 주문빈(周文彬)이라는 항일투사를 보기 위해 스자좡에서 잠시 지체했다.

주문빈의 본명은 김성호이다. 평안북도 의주 사람으로 어린 나이에 부모님을 따라 중국으로 이주하였다. 훗날 그는 중국 공산당원이 되어 중국 혁명에 투신하며 베이징 등지에서 활동하였다. 아버지 김기창, 큰형 김승호, 둘째 형 김영호, 동생 김상호 모두 항일운동에 참가하였다. 김기창은 1908년 신민회 의주지회에 참가하여 반장과 사찰역을 맡기도 했다. 1910년 11월에는 이른바 안악사건에 연루되어 피체되었으며, 대한민국은 이 공을 높이 사 그에게 건국포장을 수여했다. 이러한 집안에서 자란 주문빈은 베이징의 한인공산주의자 한위건과 활동하였으며, 1937년 기동(冀東) 항일근거지를 설립하고 유격전을 전개하였다. 주문빈은 중국 공산당에 속하면서 항일민족전선 정책을 관철시키고자 했다. 안타깝게도 그는 1944년 가을, 풍윤현(豊潤縣) 양가포(楊家鋪) 전투에서 희생되었다.

화북열사능원 정문을 들어서자 20미터는 됨직한 열사기념비가 우뚝 솟아 있다. 시리도록 푸른 소나무 숲을 지나자 열사 동상들이 눈에 들어 왔다. 이곳에서 주문빈 동상을 찾았지만 현재 보수 공사 중이라 능원의 일부를 차단막으로 경계를 하고 있었다. 할 수 없이 전경과 기념비만 촬영하고 아쉬운 발길을 돌렸다.

여기에서 잠시, 동행했던 지영철 선생이 38선을 찍고 가자고 했다. 처음에는 의아했지만 이곳 스자좡이 정확하게 38도선에 위치하고 있어 통일과 평화의 의미를 이 도시에서도 되새기자는 의도였다. 훌륭한 생각이다. 사진은 어쩌면 몇 천 건의 문건보다 영향력을 지니고 있다. 우리 일행은 화북군 구열사능원에서 남쪽으로 7킬로미터 지점에서 정확하게 38.00도를 가리키는 GPS를 꺼내들고 촬영을 시작했다. 중국인들이 의아하게 생각했다. 도대체 무엇을 하는 것인지 궁금해 했다. 마치 정부에서 관측하는 것이 아닌가 물어보는 이도

▲ 보수 중인 열사기념동상

있었다. 이렇게 중국의 38선 촬영은 중국인들의 많은 관심 속에서 이루어졌다. 날씨가 크게 도움을 주지 못해 아쉬웠다. 우리는 다음 조사 지역인 빠오딩으로 향했다.

빠오딩사범학교 · 빠오딩군관학교
· 청하도서

스자좡에서 베이징 방향으로 두 시간 정도 달려 차는 이번 답사의 목적지인 빠오딩(保定) 사범학교 정문 앞에 멈추었다. 빠오딩, 이곳은 우리 역사에서 흥선대원군이 4년간 유폐되었던 곳으로 기억되고 있었다. 우리는 빠오딩에 김산의 흔적을 찾으러 가는 길이다. 자유로운 휴머니스트이자, 국제주의자 그리고 항일투사였던 김산을.

▲ 청하도서 - 흥선대원군 유폐지

김산은 이 학교에서 '장명'이라는 이름으로 역사를 가르쳤다. 이 학교는 1904년에 설립되었다. 옛날에는 '직예 제2사범학교'로 불렸고, 그 후에는 '허베이성립사범학교'로 불리다가 현재는 '빠오딩사범학교'로 개명되었다. 그러나 인근 주민들은 아직도 '2사(二師)'로 부르고 있다. 1923년 당시 학교에는 중국공산당 조직이 있었고, 진보적인 교원과 학생들이 많았다고 한다. 1931년 만주사변 이후 교원과 학생들은 일본침략자들에게 저항하지 않는 중국 정부에 항의운동을 전개하기도 하였다. 1932년 7월 6일, 국민당 당국은 빠오딩사범학교에 공산당원이 많다는 것을 탐지하고 일제의 밀정과 함께 학교에 쳐들어와 진보적인 교원과 학생을 체포하려 하였다. 당시 빠오딩학교의 학생 80% 이상이 공산당원과 공청당원 또는 반제대동맹, 좌익작가연맹과 관련된 인물이었다. 이들은 학교를 보위하고 공산당원들을 보호하기 위해 국민당 정부와 대항하였다. 국민당에서는 군대와 경찰을 동원해 이들의 투쟁을 진압하였는데, 이 과정에서 36명이 체포되고 9명이 피살되었다. 훗날 학교에서는 이들 희생자를 기념하기 위해 '7·6열사기념관'을 건립하였다. 방문할 당시에는 빠오딩 17학교로 사용되고 있었으며, 교수 청사와 학생 기숙사는 옛 시간을 머금고 그대로 였다.

다음으로 찾은 곳은 조선의용군 총사령 무정이 다녔던 학교로 알려진 빠오딩군관학교였다. 건물 입구에서 큰 사자 두 마리가 자신의 존재를 뽐내듯 관람객들을 맞이 하고 있다. 이 군관학교는 전국 중점 문화재로 지정되어 있으며, 국민정부의 고위 장성을 배출하였다. 대표적으로 장개석, 진성, 유치 등을 들 수 있다. 빠오딩육군군관학교는 1912년

▲ 빠오딩군관학교

부터 1923년까지 총 9기 학생들이 졸업한 당시 중국에서도 비교적 규모가 큰 군사학교였다. 이 학교의 전신은 1902년 원세개가 설립한 육군학당이다. 1911년 신해혁명의 발발로 운영이 중지되었다가, 1912년부터 다시 빠오딩육군군관학교로 출범하였다. 1923년 군벌들 간의 혼전이 벌어지고 자체적으로는 운영 경비가 부족했기 때문에 약 1년간 운영이 중단되었다. 이때까지 총 5기에 걸쳐 510명의 학생들이 이 학교를 졸업했다. 1924년 7기생이 입학하였으나, 북벌전쟁이 일어났기 때문에 이후의 졸업생과 관련된 자료가 상세하지 않다. 무정은 1924년 제7기생으로 입학하여 포병과에서 수업했던 것으로 추정된다.

▲ 청하도서

베이징으로 가기 전에 또 하나 들려야 할 곳이 있었다. 바로 1882년 '임오군란'으로 흥선대원군이 청국에 볼모로 잡혀 온 곳이다. 그 장소가 바로 청하도서(清河道署)로 알려져 있다. 일행은 힘없는 국가의 모습이 어떠했는지 각자 가늠하면서 이 건물의 외관을 열심히 촬영했다. 요즘 베이징에서 빠오딩까지 많은 한국인들이 흥선대원군의 유폐장소를 보러 온다. 이곳은 빠오딩시 문화재로 등록은 되어 있지만 관리상태가 엉망이다. 찹찹한 마음을 뒤로 하고 베이징으로 향했다.

협화의원에서 의사를
꿈꿨던 김산

　　　　비가 또 온다. 며칠 전 일기 예보에는 비 소식이 없었지만 현실은 그러하지 않다. 카메라를 둘러맨 지영철 선생의 발걸음이 무거워 보인다. 오늘은 김산의 활동지인 협화의원(協和醫院)과 이육사의 순국지를 조사할 예정이다.

　다행히 협화의원은 지금도 병원 건물로 사용하고 있으며, 베이징(北

▲ 김산 활동지 협화의원

京)에서 진료비가 가장 비싼 병원으로도 유명하다고 한다. 이 건물은 베이징 최고의 번화가인 왕푸징(王府井) 부근에 위치하고 있다. 찾는 데 어려움은 없었다. 협화의원의 옛 건물 현판에는 청화대학 의과대 대학원이라고 쓰여 있다. 지영철 선생은 비가 오는 중에도 정성을 다해 사진을 찍고 또 찍는다. 여기가 바로 김산이

▲ 김산이 살았던 집(1930년경)

활동했던 곳이다. 『아리랑』에는 김산의 베이징 행에 대해 다음과 같이 묘사하고 있다.

상하이(上海)에서 안창호는 나에 대해 개인적으로 특히 많은 관심을 보여주었으며 내가 완전히 교육받을 수 있도록 도와주고 싶어 하였다. 그는 나에게 다른 한국인 학생 다섯 명과 함께 텐진(天津)에 있는 난카이대학교(南開大學校)에서 장학생으로 다닐 수 있도록 손을 써주었다. 그렇지만 1921년 10월 우리들이 텐진에 도착했을 때 우리들이 등교를 거주하지 않을 수 없는 사건이 일어났다. 김엄이라는 난카이중학의 한국학생 한명이 가을 체육대회에서 달리기 시합에 출전했다. 그는 뛰어난 주자였으므로 다른 선수들을 훨씬 앞지르고 선두로 달렸다. 그런데 "저 사람이 저렇게 잘 달리는 것은 조금도 이상할 게 없지, 그는 왜놈의 주구(走狗)인 걸"하고 어떤 중국인이 외치는 소리가 들려왔다. 김엄은 경주를 하다가 말고 달려와서 이렇게 소리친 중국인을 후려쳤다. (중략) 우리는 베이징으로 가기로 결정했다.

김산이 보았던 그 학생은 김엄, 즉 김염이다. 김염의 본명은 김덕린이며, 김필순의 셋째 아들이다. 그는 "아Q정전" 등 노신의 저서를 탐독하면서 세상을 바라보는 시야를 넓혔고, 학내 극단 활동을 하면서 연기에 대한 꿈을 키웠다.

▲ 중국영화 황제였던 김염

마침내 배우가 되겠다는 결심을 한 그는 이름부터 바꾼다. 새 이름으로는 불꽃 '염(焰)'자를 썼다. 그가 출연했던 영화 〈대로(大路)〉는 1935년 상하이에서 큰 인기를 얻었으며, 김염은 중국 역사상 처음으로 영화의 황제라는 타이틀을 얻게 되었다.

김산(1905~1938)의 본명은 장지락이다. 평안북도 용천에서 태어났다. 기독교 계통의 중학교에 다니던 중, 3·1운동 후 일본 동경으로 건너가 고학생활을 하다 독립운동에 투신하기로 결심하고 신흥무관학교를 다녔다. 1920년에는 상하이로 가서 임시정부 기관지 『독립신문』의 교정원으로 일하면서 흥사단(興士團)에 가입했다. 1921년 협화의원에 입학해 의학을 공부하던 중, 베이징 지역에서 크게 풍미하던 아나키즘과 사회주의 사상에 공명하면서 사상적 전환을 가져 왔다. 1923년 김성숙(金星淑) 등과 함께 공산청년동맹(共産靑年同盟)에 가입하고, 잡지 『혁명』을 간행하는 한편, 1924년 고려공산당 베이징지부 설립에 참가했다. 1925년 중국 대혁명에 동참하기 위해 혁명의 본거지인 광둥(廣東)으로 간 그는 1926년 김성숙 등과 조선혁명청년동맹(朝鮮革命靑年同盟)을 조직하여 중

▲ 김산(장지락)

앙위원을 맡고, 기관지 『혁명운동』의 편집을 담당했다. 또한 황포군관학교에서 교편을 잡기도 했다. 광둥에 머무는 동안 의열단 중앙집행위원 선전부원으로 활동하였고, '중국인의 후원 하에 조선 독립을 실현시킨다'는 목적 하에 조직된 유월혁명동지회(留越革命同志會)의 중앙집행위원으로 활동하였다.

김산은 협화의원에서 의사를 꿈꾸며 조선의 독립을 그렸다. 그는 의사가 되는 것이 가장 사회적인 과학이고 박애 정신을 실현하는 데 최대의 가치를 지니는 것으로 파악했다. 지영철 기자의 촬영이 끝날 때까지 비는 계속 오고 있었다. 일행은 이육사가 순국한 일본헌병대 건물로 서둘러 발길을 옮겼다. 금강산도 식후경이라고 했던가. 허기진 배를 움켜쥐고 이육사 순국지와 인접한 식당에서 볶음밥을 시켜 게 눈 감추듯 해치우고 촬영 장비를 먼저 챙기는 지영철 기자를 따라 나섰다.

▲ 이육사 순국지

동창호동 28호에서
이육사를 기리다

협화의원에서 얼마 떨어지지 않은 곳에 이육사가 순국한 장소가 있다. 그곳에는 중국인민항일전쟁기념관 연구원인 두빈(都斌)이 미리 나와 있었다. 두빈은 내가 2011년 가을에 파견 나왔을 때 진심으로 대해 주었던 마음씨 고운 중국 청년이다. 미국의 영화 배우 톰크루즈를 약간 닮았다. 그와 함께 중국사회과학원 근대사연구소의 맞은편에 있는 이육사 순국지를 찾았다. 동창호동 28호. 김희곤 교수의『새로 쓰는 이육사 평전』214쪽에는 이육사의 베이징행을 다음과 같이 그리고 있다.

육사도 그곳에 있었다. 그런데 육사의 콜록콜록 기침하는 소리가 밤낮으로 들려 왔다. 폐병으로 원래 약한데다가 잘 먹지도 못하고 추운 감방에서

▲ 이육사

고생하느라 더욱 힘이 들었다. 육사와 이병희가 갇혀 있던 감옥은 중국의 감옥이 아니었다. 이병희의 기억을 바탕으로 재구성해 본 감옥은 감방 4개로 구성된 작은 규모의 것이었다. 따라서 이것이 베이징 주재 일본총영사관 감옥으로 짐작된다. 이는 상하이에 있는 일본총영사관에 영사경찰이 관할하는 감옥이 있던 것과 같은 일이다. 12월 어느 날 이병희는 먼저 풀려났다. 그런데 다시 일주일쯤 지나자 간수가 찾아와서 육사의 죽음을 알리고 "너 밖에 더 있냐. 시신을 인수해 가라"고 말했다. 이병희는 감옥으로 가서 육사의 시신이 든 관을 인수하고 급히 빌린 돈으로 화장을 치렀다. 그 유골이 든 상자를 이귀례라는 친구 집에 두었다.

이후 동생 원창에 의해 이육사의 유골은 고향으로 올 수 있었다. 이육사(1904~1944)는 경북 안동에서 출생하였다. 그는 백학학원에서 교편을 잡았으며, 1924년 일본 유학을 결행하였다. 1927년 중산대학에서 수학하다가 귀국하였으며, 1932년부터 중국 동북지방(만주)과 베이징을 오가면서 활동하다가 그해 난징(南京)에서 문을 연 조선혁명군사정치간부학교 제1기생으로 입교하였다. 다음해 7월 국내에 잠입하였다가 체포되었는데 기소유예로 석방되었다. 이육사는 1943년 베이징에서 신문보급소를 경영하던 이상호에 집에 머물고 있었는데, 그해 말 국내로 삼시 들어왔다가 체포되었다. 국내에서 체포된 이육사는 다시 베이징으로 압송되어 베이징에 있던 일본헌병대 베이징본부 부속 형무소(현재 동창호동 28호)에 투옥되었다. 그는 폐병으로 원래부터 몸이 약했는데, 투옥되면서 잘 먹지도 못하고 추운 감방에서 고생하느라 병이 심해져 결국 감옥에서 순국하였다.

두빈은 베이징 수도사범대학에서 역사학을 전공한 연구자이다. 그는 자신의 지도교수가 베이징 토박이고 근현대사에 조예가 깊어 이곳 감옥을 찾는 데 수월했다고 한다. 중국의 기관과 공동으로 우리의 독립운동사적지를 조사한 것은 이번이 처음이 아닌가 한다. 현재 동창호동 28호 건물은 주민들이 살고 있는데 건물이 노후했고 보존 상태도 엉망이었다. 주변 사람들이 조사하는 우리에게 관심을 표했다. 두빈이 자신이 속한 기관명과 답사의 목적을 설명하자 더 많은 관심을 표했다. 나는 건물 구석구석을 살펴 본다. 육사가 이곳에서 쓸쓸하게 조국의 독립을 보지 못하고 숨을 거두었다는 생각을 하니 가슴이 미어진다. 이제 중국과 공동으로 항일독립운동사적지를 조사하게 된 것으로 후대의 미욱함을 육사가 너그럽게 봐주기를 기대해 본다.

군사통일주비회 개최지를 가다
-삼패자화원

　　　　2012년 6월 말, 이른 아침을 해결하고 8시가 되자 우리는 왕징에 위치하고 있는 왕징 지아르(望京暇日) 호텔을 나섰다. 사진작가 지영철 선생은 어제 협화의원 촬영 때 비가 온 탓에 사진이 어떨지 모르겠다고 아쉬움을 토로했다. 다시 갔으면 하는 눈치였지만 오늘 답사할 곳

▲ 군사통일주비회가 개최됐던 창관루(暢觀樓)

부터 먼저 가기로 했다. 차는 베이징동물원으로 향했다. 1923년 베이징에
서 개최한 군사통일주비회의 장소를 찾기 위해서였다. 2002년 베이징지
역 조사 당시에는 베이징동물원이 서쪽이라고 비정하면서 동물원 정문
과 서쪽 건물만 촬영하였다. 그리고 10년 넘는 세월이 흘렀다. 이를 바로
잡고자 후학들이 먼 길을 달려왔다. 차는 40여분 달려 베이징동물원 정
문에 도착했다. 이곳은 처음에 삼패자화원으로 불렸는데, 이는 청나라 시
기에 황친의 셋째 아들의 개인 사저로 쓰였기 때문이다. 그러다가 1906
년 기이한 동물들을 데려다가 가두어 이름도 만생원(萬生園)으로 불렀다.
바로 이때가 베이징동물원의 시초인 셈이다.

베이징의 대표적인 휴식공간답게 이른 아침에도 입구에는 수많은 사
람들이 줄을 서 있었다. 아이 손을 잡고 연신 부채질하는 부모들의 모
습이 눈에 들어왔다. 즐거워하는 아이들의 모습과 힘겨워하는 어른들

의 모습이 교차된다. 나를 포함한 4명은 입장료를 구입하고 바로 군사 통일주비회의 개최 장소로 향했다. 정문에서 서쪽으로 방향을 잡고 삼 패자화원(三貝子花園)의 주건물인 창관루(暢觀樓)를 찾아 나섰다. 이렇게 빨리 군사통일주비회의 장소를 찾게 된 것은 한국 답사단의 선행 답사 와 중국 베이징대학 최용수 교수의 노고에 힘입은 바가 컸다.

수천 명의 관람객을 헤치면서 이슬람 양식과 비슷한 서쪽 건물을 끼 고 창관루를 향해 빠른 걸음을 옮겼다. 앞서 비디오 촬영을 하던 주계 운 연구원이 "선생님, 여기에 송교인 기념비가 있네요"라고 하여 가 보 았더니 신해혁명의 주역이었던 '송교인(宋教仁) 기념탑 유지'라는 삼단 모양의 비가 서 있었다. 32살의 나이에 정적에 의해 암살당한 송교인에 대해 중국인들은 중국 근대 헌법 의 초안을 만든 위대한 선각자로 알고 있다. 그가 바꾸고자 목숨을 바쳤던 100여 년 전의 중국이 지 금은 어마어마한 경쟁력으로 세 계를 양분하고 있다는 상념에 잠 시 빠졌다.

▲ 군사통일주비회 주변 송교인(宋教仁) 기념탑

송교인기념탑에서 앞을 보니 창관루가 눈에 들어왔다. 창관루 는 이른바 서태후로 알려진 자희 태후가 잠시 머물렀던 곳인데, 이 곳에서 1921년 4월에 한국의 독립운동가들이 독립전쟁노선을 추구하며 군사통일주비회를 개최한 곳이 기도 하다. 2층 건물의 창관루는 서양식으로 지어졌으며, 대리석 기둥과 적벽돌이 조화를 이루고 있는 제법 고풍스러운 건물이다. 이곳에서 개최된 군사통일주비회는 대한민국임시정부의 외교론에 반대하면서 일제와의 무력투쟁을 하나의 방략으로 결정하는 회의였다. 이 군사통일주비회에는 국내외의 여러 단체들이 참가하였으며, 대표적으로 박용만, 신숙, 남공선 등이 참가하였다. 이 회의에서는 청산리대첩 이후 독립군부대의 정비 및 대오의 통일 문제와 독립군부대의 지휘권 문제가 논의되었다. 독립군 통솔 문제와 관련해 주비회는 임시정부 불신임 결의안을 통과시켰다. 그러나 1921년 5월 국민대표회 개최 문제가 독립운동계의 주된 의제로 떠오르면서 군사통일주비회의 활동은 크게 떨치지 못하였다.

창관루 건물은 잘 보존되어 있지만 한국독립운동에 관한 어떤 표식도 없다. 지영철 사진작가와 주계운 연구원이 이리저리 표식을 찾아 다녔지만 허사였다. 90여 년 전 그들의 흔적은 시간의 역사에만 기록되어 있는 것 같았다. 이렇게 엄연히 공간이 있는데도 말이다.

우당 이회영과
젊은 그들

1920년대 베이징지역 독립운동의 리더는 우당 이회영이었다. 그는 1911년 지린성 유하현 삼원포 추가가에 신흥강습소를 만들고 수많은 한국의 청년들을 항일전사로 키워내는 데 선구적 역할을 했다. 그의 6형제 이야기는 이제 한국의 메스컴에서 단골주제로 등장할 정도로 널리 알려져 있다. 그가 베이징에 간 것은 1920년 초의 일이다. 상하이임시정부에 참여한 후 대립과 반목에 휩싸인 임시정부를 뒤로 하고 베이징으로 간 것이다.

이회영은 1920년 초, 서울의 종각과 같은 기능을 하였던 고루(鼓樓) 근처에

▲ 우당 이회영

거처를 정했다. 그의 집은 베이징에서 활동하고 있던 수많은 독립운동가들의 사랑방이 되었다. 『이 조국 어디로 갈 것인가』라는 회고록을 남긴 정화암의 베이징 생활을 잠시 보자.

> 베이징에서는 이회영과 조성환을 자주 찾아 다녔다. 우당 이회영은 경술국치 이래 국권회복의 일념에서 중국으로 건너와 독립운동의 근본적 이념을 정립하기 위하여 모든 힘을 기울이고 있었다. 나는 이분들에게 독립운동에 관한 의견도 듣고 먹고 사는 문제까지 매사를 상의해 보았으나 우선 자금사정 때문에 모든 것이 순조롭지가 못했다.

우당은 베이징지역 한국독립운동계의 진정한 거두였다. 그는 김창숙, 신채호를 비롯해서 젊은 독립운동가들과도 허물없이 지냈다. 그가 독립을 논했던 후고루원호동(後鼓樓苑胡同)으로 향했다. 시간은 이미 정

▲ 후고루원호동(後鼓樓苑胡同) 거리

오를 가리키고 있었다. 기사는 후고루원호동에는 주차난이 심하다면서 점심은 자신이 알아서 먹을 테니 조사를 먼저하라고 하면서 고루 근처에 세워 주었다. 고루에서 왼쪽으로 돌아 약 150m 정도 직진하면 후고루원호동 초입이 나온다. 공공화장실에 부착된 표지판과 기념목판이 이곳이 후고루원임을 알려준다. 이 골목 어딘가에 우당이 독립운동가들과 머리를 맞대고 조국 광복을 위해 진력을 다했던 그들만의 사랑방이 있을 것이다. 베이징 한복판에도 이러한 옛 골목이 아직 남아 있구나 생각했다. 번지수를 정확하게 모르니 답답했다. 일행은 잠시 골목 전체를 보면서 우당이나 단재 신채호가 다녔던 길을 상상으로 그려 보았다.

　배 속에서 허기가 몰려왔다. 그것도 심하게. 벌써 오후 한 시가 넘었다. 일행들에게 베이징 자장면으로 점심을 해결하자고 간곡히(?) 부탁하고 근처 허름한 집에서 자장면으로 허기를 달랬다. 사실 자장면은 한국인들의 향수를 자극하는 음식이지만 정작 중국인들은 한국식 자장면과는 다른 작장면(炸醬麵, 짜장미엔)을 즐긴다. 오늘 답사단이 점심 때 먹은 것도 엄밀히 말하면 작장면이다. 내가 중국에서 생활할 때, 중국 한족 집주인이 곧잘 만들어 주곤 했다. 달걀을 장에 섞어 면과 비벼먹으니 좀 짜다는 느낌이 든다. 식사가 끝나고, 무언가 아쉬워 골목 초입 2층 건물로 올라가 후고루원 전체를 조망한 후 발길을 돌렸다.

신채호가 머물렀던
보타암에서

베이징의 6월 말은 뜨거운 열기를 간직하고 있다. 아침 일찍 숙소를 나선 일행은 곧바로 단재 신채호 선생이 베이징에서 처음 머물렀던 보타암터로 향했다. 단재 신채호는 역사학자이자, 언론인, 독립운동가로서 한국의 많은 학자들이 흠모하고 있는 인물이다. 특히 그는 실천하는 학자였다. 을사늑약 이후 꺼져가는 국운을 일으키기 위하여 중국 관내, 만주지역, 연해주지역에서 수많은 독립운동가들과 교류하면서 저술을 병행하는 독립운동에 몸을 던졌다.

▲ 신채호

그가 베이징에 도착한 시기는 1918년 전후이다. 그는 이곳에서 한국사 연구와 집필에 전념하는 한편, 베이징에서 발행되던 『중화보』와 『베이징

일보』 등에 논설을 발표하여 문명(文名)을 드날렸다. 이 무렵 한국독립
운동과 관련한 논설에서 그는 '한·중 항일공동전선'의 결성을 통한 무
장투쟁을 강력히 주창하였다. 당시 베이징대학교의 이석증이나 총장을
지냈던 채원배 등과도 교류하였다.

  신채호가 이곳에 거주지를 정하였던 이유는 베이징 시내에서 그리
멀지 않은 곳이기 때문일 것으로 추측해 본다. 보타암은 도교사원인 태
평궁에서 운하는 사이에 두고 북쪽에 위치한 것으로 기록되어 있다. 그
러나 도시개발로 운하가 고가도로로 변하였고, 길 건너 북쪽에는 고층
건물이 들어서 당시의 모습을 찾을 수 없었다. 다만 태평궁 안에 있었
던 '호국태평궁비'가 남아 있어 그것을 통해 간접적으로나마 보타암이
있었던 자리를 알 수 있었다. 이미 2003년에 베이징대학교 최용수 교
수가 단재 신채호의 며느리 이덕남 여사와 함께 이곳을 찾은 적이 있지
만 그도 명확하게 이곳이 보타암이라
는 표식을 보지 못했다고 했다.

  지영철 기자는 무엇을 찍어야 하냐
고 한다. '호국태평궁비' 비문에 보타
암이라는 기록이 있어 이곳을 촬영해
야 한다고 했다. 호국태평궁비 주변에
는 인부들이 공사를 하기 위해서 작은
자갈을 군데군데 깔아놓았다. 멀리서
비디오 촬영을 하기 위해서 분주히 움
직이는 주계운 연구원의 모습이 보인

▲ 호국태평궁비(護國太平宮碑)

다. 고가도로에 걸린 동변문교(東便門橋)를 보면서 "그, 이곳에서 단재는 홍명희와 함께 새로운 조국을 꿈꾸었겠구나"라고 생각했다. 그가 꿈꾼 조국은 어떤 모습이었을까. 9월 초의 바람은 호국태평궁비 주변 버드나무 가지를 간질이고 있었다.

단재가 베이징에서 머물렀던 곳은 보타암뿐만이 아니었다. 석등암, 관음사 등에서도 거주했지만 이번 답사에서는 보타암 터만 확인하고 바로 운암 김성숙이 다녔던 민국대학교 위치를 찾아 나섰다. 이곳은 한국에서는 처음 조사하는 곳이다.

붉은 승려,
김성숙의 베이징 흔적

김성숙(1898~1969)은 평안북도 철산군에서 출생하고 출가하여 승려가 된 후 경기도 고양군으로 전적하였다. 1919년 3월, 경기도 남양주군 봉선사의 승려로 있을 때 같은 승려인 이순재 등과 함께 비밀리에 독립문서를 만들어 일반 대중에게 살포하려는 계획을 세웠다. 이에 조선독립군 임시사무소라는 명의로 동료들과 함께 격문을 만들었다. 이 격문의 취지는 파리강화회의에서 12개 국이 독립국이 될 것을 결정하였으므로 조선도 이 기회를 놓치지 말고 열심히 독립운동을 하면 그 목적을 달성할 수 있다는 데 있었다. 그들은 약 200매 정도를 작성하여 인근 동리에 살포하였던 것이다. 이 독립문서의 살포사건으로 그는 동지들과 함께 일경에 체포되어 1919년 9월 11일, 고등법원에서 징역 6월형이 확정되어 옥고를 치렀다. 출옥한 그는 봉선사로 잠시 되돌아갔으나 곧 전국 각지를 돌아다니며 독립정신을 고취하였다.

▲ 김성숙

그는 1920년 일제가 문화정치를 표방하는 계기를 이용하여 조직된 합법적 단체인 무산자동맹 노동공제회에 참석하였다. 노동공제회에서 그는 충북 괴산에서 일어난 소작쟁의의 진상을 서울의 본회 및 각 지방의 지회에 알리는 등 적극적 항일민족운동을 전개하였다. 국내에서 조국 광복운동에 전력을 다하던 그는 1923년에 불교 유학생으로 중국 베이징으로 건너갔으며, 여기서 의열단에 가입했다. 그가 다녔던 민국대학은 어떻게 성립되었는가.

1917년부터 극근군왕부(克勤郡王府)에서 이곳에 학교를 설립하였다. 극근군왕은 청나라 예친왕의 큰아들이었는데 그가 죽은 후 군왕으로 추봉된 것이다. 처음 학교의 명칭은 '민국학원'이었고, 1923년에 '민국대학'으로 개명하였다. 이 대학에는 유자명과 의형제를 맺었던 중국의 문호 파금(巴金)의 흔적도 있다. 김성숙은 정치과와 경제학 공부를 하는 한편 독립운동을 전개하였다. 그는 창일당 활동을 전개함과 동시에 중국 간행물에 많은 글을 발표하였다. 이때부터 김성숙은 '김규광'이란 이름을 사용하였으며, 이후 중국 내에서 활동할 때는 대부분 '김규광'이란 이름을 사용하였다.

일행은 베이징 시내 신문화가(新文化街)에 위치한 극근군왕부 유적을 찾았다. 신문화가는 베이징에서도 오래된 거리이다. 인적은 드문 편이었다. 건물 앞에는 돌사자 두 마리가 지키고 있었다. 지금은 베이징제2실험소학교에 속해 있는 옛 민국대학교 흔적 속에서 김성숙이 주옥같은 글을 쓰고 또 님웨일즈가 쓴 『아리랑』의 주인공인 김산과 열정적으로 교류했던 모습을 그려본다.

금강산에서 온 붉은 승려, 김충창은 내가 알게된 사람 중에서 나에게 가장 커다란 영향을 준 사람이다. 그것은 그의 예리한 지성과 훌륭한 인품 때문만이 아니라 다른 사람의 감화와 신사상의 영향을 가장 받기 쉬운 사춘기의 중요한 형성기에 그를 알게 된 것 때문이기도 하다.

김산이 기억하고 있는 김충창, 그가 바로 김성숙이다. 김성숙이 청춘을 불태웠던 베이징의 한 대학, 민국대학의 흔적을 카메라에 담고 바로 천안문으로 향했다. 지영철 작가에게 점심은 먹고 움직이자고 했지만 베이징에 처음 와서 천안문은 촬영해야 한다는 강한 고집을 부려 할 수 없이 천안문 광장으로 이동했다. 거대한 중국 오성홍기가 휘날리고 있는 천안문 광장에는 수많은 인파가 저마다 자세를 취하고 카메라를 응시하고 있었다. 베이징에 오는 한국인들도 이곳은 반드시 들린다. 그 많은 한국인들이 천안문과 함께 한국독립운동사적지에도 좀더 관심을 가지기를 바라며 이번 답사를 마쳤다.

02

광둥성과
푸젠성

광둥성 광저우

중국 근대 문물의 창구,
광저우를 가다

2013년 8월 17일, 대한민국은 8월의 태양 아래 전 국토가 뜨거운 열기를 토해내고 있었다. 이번 답사는 지금까지 중국 답사 가운데 가장 더운 답사가 될 것으로 예상했다. 아침 7시 인천공항 B카운터에서 일행을 만나기로 했다. 서울역에서 출발하는 인천공항 직통열차는 출장 가는 사람에게는 항상 고마운 존재와도 같다. 정시에 데려다 주고 부족한 아침잠을 보충할 수 있게 해주는 직통열차는 나에게는 더욱 소중한 존재와도 같았다.

6시 45분경, 자신의 독립운동가 선조를 찾아나서기로 한 김기용 선생의 전화가 득달같이 걸려 왔다. 그는 황포군관학교 제6기생 김근제의 후손이다. 벌써 와 있다고 한다. 참 부지런한 분이다. 열차문이 열리고 부리나케 B카운터로 가고 있는데 뒤에서 "선생님" 하고 아는 목소리가 들려왔다. 조원기 연구원이었다. 국외실태조사를 처음 간다는 설레임으로 밤잠을 설쳤다고 한다. 피식 웃음이 나왔다. 역사학도이자 사진 전문가인 권오수 선생까지 합류해서 모두 4명의 답사단이 인천공항에서 수속을 끝내고 8시 40분발 광저우행 비행기에 몸을 맡겼다.

오전 11시 30분 중국 광저우 바이윈(白云) 공항에 안착했다. 입국 수속을 하는데 외국인 줄은 너무 길게 늘어서 있는 것이 아닌가. 안되겠다 싶어 염치 불구하고 중국인 줄에 서서 입국 허가를 받아 빨리 나왔다. 일행을 기다리고 있는 것이나 수속을 기다리고 있는 것이나 같은 데 왜 그랬을까. 쓴 웃음이 나왔다. 모두 입국 수속을 끝내고 짐을 찾아 마지막 입국장을 나오니 게이트 앞에서 강정애 박사가 함박웃음으로 일행을 맞아 주었다. 강정애 박사는 독특한 이력을 지닌 분이다. 경상북도 안동에서 태어나서 한국과 중국이 정식 수교를 맺었던 1992년에 중국 지린성 장춘에서 유학을 했으며, 2001년에는 주광저우대한민국총영사관 개설 멤버로 활동한 여걸이다. 2010년에는『광저우이야기』라는 책을 발간할 정도로 광저우를 잘 알고 있으며, 사랑하는 분이다. 내가 강정애 박사와 인연을 맺은 것은 2012년 광저우에서 독립기념관과 중산대학이 국제학술회의를 개최하면서부터이다. 소중하고 귀한 인연을 답사까지 이어 준 고마운 분이다. 이제 본격적인 중국 남부 답사가 시작되었다. 그러면 광저우는 어떤 곳인가. 잠시 보자.

광저우는 주강(珠江) 델타의 북부에 위치한 중국 남부지역에서 가장 큰 도시로, 20세기에 들어 구미 열강의 침략 및 중국 혁명의 주요한 무대가 되었다. 1920년대 중국 혁명의 중심지가 되었는데, 특히 손문(孫文)의 호법정부는 한국 독립운동에 대해 많은 지원과 성원을 보냈다. 이곳 광저우는 그렇게 한국독립의 지원 무대가 되었던 곳이다.

신규식과 손문,
한국의 독립을 논하다

먼저 이번 답사에서 가장 먼저 찾은 곳은 신규식의 이야기를 머금고 있는 장소였다. 신규식(1879~1922)은 단재 신채호, 신백우와 더불어 산동 3재라고 불릴 정도로 뛰어난 재능을 가진 분이다. 그는 한어학교를 졸업하고 대한제국육군무관학교 1기생으로 군인의 길을 걸었으며, 중동학교 교사를 역임하는 등 민족교육에도 열정을 보였다. 경술국치 이후 1911년에 중국으로 망명해 신해혁명에 참가하면서 중국의 혁명 인사인 진기미(陳其美), 송교인 등 중국인들과의 교유를 넓혀 나갔다. 상하

▼ 신규식 활동지 월수공원

이 망명 후, 1912년 5월에
는 동제사를 조직하였으
며, 그해 말 진기미 등과
신아동제사를 조직하여
중국인들에게 한국 독립
의 당위성을 주장하였다.
이때 만난 인물로는 송교

▲ 손문

▲ 신규식

인·진기미·호한민·요중개·추노·진과부·오철성 등이 있었다. 또 신해혁
명파의 중요한 인사들과의 만남을 가졌다. 이를 통해서 1915년 3월에는
신한혁명당을 조직하였으며, 1917년 대동단결선언을 통해 대한민국임시
정부의 탄생을 준비하였다.
1919년 4월 대한민국임시정
부의 초대 외교부장으로 선
임되어 임정의 외교 역량을
높였다.

답사단 일행은 1921년 10
월 신규식이 손문을 만났
던 손문 관저를 찾았다. 월
수공원 중턱에 자리잡고 있
었던 손문 관저는 사라지고,
그곳에는 독서기념비만 덩
그러니 서 있었다. 대한민국

▲ 손선생독서치사처 기념비

임시정부 특사 신규식은 수행비서이자 사위인 민필호를 대동하고 광저우에 와서 1921년 10월 3일, 관음산 비상대총통 관저에서 손문을 회견했다. 이때 신규식이 요청한 것은 크게 두 가지이다. 첫째는 상하이대한민국임시정부 승인이며, 둘째는 한국독립운동에 대한 지원 요청이었다. 회담에서 손문은 광둥호법정부와 대한민국임시정부는 상호 합법주권정부임을 인정하고 외교관계를 승인했다. 독립운동 지원으로 요청한 500만 원, 차관과 조차지대 독립군 양성은 성사되지 못했지만 한국학생들의 군관학교 입학문제는 각 군관학교에서 받아들여 교육을 받을 수 있도록 하였다.

신규식의 손문 회담 장소는 월수산에 있는 대총통 관저 관음루(观音楼)였다. 당시 총통관저로 사용된 관음루는 1922년 6월 광둥성장 겸 육군총사령관이던 진형명(陈炯明)이 손문 정책에 반기를 들고 총통부를 초토화하고 관저를 불살라서 소실되었다. 현재 관저 자리에는 '손선생독서치사처(孫先生讀書治事處)'라는 기념비를 세워 기념하고 있다. 권오수 선생은 더운 날에도 열심히 셔터를 눌러댔다.

습한 기운이 온몸을 감쌌다. 햇빛만 있으면 노천 사우나와 다름 없다. 월수공원은 광저우의 대표적인 시민 휴식처이다. 이곳은 2000여 년 전 월나라 임금

▲ 신규식 활동지 월수공원

이 묻힌 곳이기도 하다. 제2대왕의 묘소는 아파트 공사를 하다가 발견되었다고 한다. 그러면 제1대왕 묘는 어디에 있는가라는 의문이 생겼다. 강정애 박사에게 물어보았다. 강박사는 "정확하지는 않지만 현재 월수 공원 중산기념탑 밑에 있다고 추정합니다. 많은 사람들은 손중산이 바로 월나라 초대 임금을 보호하고 있다는 우스개 소리도 합니다"라고 한다. 어디까지가 진실인지는 모르지만 강정애 박사의 끝없는 광저우사랑은 계속되었다.

손중산기념탑을 보고 운전기사가 기다리고 있는 월수공원 정문으로 갔다. 덥다. 조원기 연구원은 생각보다 덥지 않다고 푸념 아닌 푸념을 했다. 차에 올라타 바로 중한협회 창설지를 찾아 나섰다.

중한협회,
한중우의를 논하다

차에 올라타 바로 중한협회 창설지를 찾아 나섰다. 사전 문헌 조사를 할 때는 광저우시 원명로 213번지 '광둥성립중산도서관' 자리로 알고 있었다. 당연히 일행은 먼저 원명로 213번지로 갔는데 이게 왠일인가. 새로운 건물이

▲ 광둥성립중산도서관

버티고 서 있었다. 답사꾼의 촉으로 이곳은 예전 건물은 아닐 거라 여기면서 강정애 박사와 함께 탐문에 들어 갔다. 도서관 입구에서 만난 관계자의 말은 이러하다.

> 1921년 중한협회는 문덕로(文德路) 81번지에 소재했던 광둥성립도서관에서 성립되었으며 현재 중산헌서(中山文獻所)가 위치하고 있다. 광둥성립도서관의 전신은 광야(廣雅)서국 광둥도서관인데, 광야서국과 광야서원은 1910년부터 도서 일부를 광야서국 장서각에서 시민에게 개방하였다. 신해혁명 이후 1912년 6월부터 광둥성 초대 총독 호한민(胡漢民)이 광야서국 광둥도서관을 광둥도서관으로 개명하였다.

강박사와 일행은 중한협회 창설지로 알려진 광둥성립중산도서관의 첫 번째 건물을 찾아 나섰다. 하늘은 비를 잔뜩 머금고 있다. 간혹 가랑비가 차 유리를 때린다. 강박사는 광저우 전문가답게 기사에게 손중산문헌관을 목적지로 설명했다. 기사는 중산4로의 교차점인 문덕로(文德路)에 도착해서 의기양양하게 손중산문헌관을 가리켰다.

문덕북로 81호.
북위 23.12683. 위도 113. 26608.

　　　　　건물 외관이 시대를 품고 있었다. 가까이 가서 정문 왼쪽의 부착동판을 보니 '시립중산도서관구지'라는 글귀가 새겨져 있었다. 강정애 박사가 손중산문헌관 관계자에게 설명을 부탁해서 정리한 문헌관의 역사는 다음과 같다.

▲ 중한협회 창설지였던 손중산문헌관

광저우시 중산도서관은 1925
년 손문 사후 미국 등 해외화교
들이 손문을 기념하기 위해 현
재 중산문헌소 위치 문덕로 81
번지에 1927년 착공해서 1933년 낙성하였다. 1938년 일제의 폭격이 심해지
자 도서관에 소장된 진귀한 책들을 광시 상현(象県)으로 옮겨 보존하다가
1946~1949년 유실된 도서를 다시 수집해서 중산시도서관에 보관하였다. 그
러다가 1955년 광저우시 중산도서관과 광둥성립도서관을 합병하여 광둥성
립 중산도서관으로 개명하고 광둥성 중산도서관 전체가 원명로 213번 신관
으로 이전했다.

아쉬운 것은 장소는 같지만 옛 건물이 아니라는 점이다. 왜냐하면 광
저우 중한 호조사는 중산문헌소 건물이 들어서기 이전에 설립되었기
때문이다. 광저우 중한협회는 1921년 9월 21일 발기대회를 마치고 미
리 활동하고 있던 유월한인회를 중심으로 9월 27일 광둥성립도서관에
서 중한협회를 정식으로 성립하였다. 여기에서의 '광둥성립도서관'이
오늘 찾아 나섰던 중산문헌소 위치에 있었던 건물이다. 이곳에서 중국
호법정부 국회의원인 주염조(朱念祖), 사영백(謝英伯) 등이 협회 위원장과
중국 측 위원을 맡았다. 대원수부 비서인 왕정위도 참여하는 등 호법정
부가 적극적으로 참여했다. 김천정, 김희염 등이 우리 측 위원을 맡았
다. 광저우일보사 사장 사영백은 『광명』이라는 잡지를 창간해서 한국

독립운동 선전을 적극적으로 도왔다고 한다.

　광저우에 내리자마자 실태조사를 강행한 탓인지 다들 허기진 표정으로 서로를 바라보았다. 광저우시 도서관 앞에 있는 작은 딤섬집으로 들어갔다. 기사까지 6명이 가장 빨리 먹고 갈 수 있는 음식을 시켰다. 간단하게 허기를 면하고, 권준이 국민당 제1차 전국대표회의에 참석했던 곳으로 다시 방향을 돌렸다.

권준, 제1차국민당대표회의에 참석하다

　　　　　권준은 경상북도 상주 출신의 독립운동가로서 신흥무관학교를 졸업하고 황포군관학교를 거쳐 중국군에서 복무한 독특한 경력의 독립운동가이다. 그가 1924년 국민당 제1차전국대표회의에 참석했을 당시 개최지도 바로 국립중산대학 강당이었다. 우리가 탄 차는 국립

▲ 국민당 1차 전국대표대회 개최지

광둥중산도서관 근처에 도착했다. 중한협회 창설장소를 찾느라 처음 들렸던 중산도서관과 인접한 곳에 있었다. 동선 파악이 정확하지 않아서 발생한 일이다. 누구를 탓하겠는가.

　이곳은 한인청년들이 중산대학에서 공부할 때 많이 찾았

던 곳이다. 베이징대학 최용수 교수의 설명에 따르면 권준이 참석했던 건물 안의 내용은 이러하다.

> 300여 평방미터에 달하는 강당 주석대와 관중석은 회의 개최 당시 모습으로 장식을 했다. 주석단 정면 벽에는 손문의 초상화를 걸고 대회장 벽에는 국민당의 좌파인물들인 요중개(廖仲愷), 하향응(何香凝), 손과(孫科)의 사진이 걸려 있다. 관중석은 흰 천으로 두른 탁상과 긴 나무걸상들로 정연히 배열되어 있고, 대회에 출석한 대표들의 명함이 걸상 등받이에 적혀 있다.

비가 아직도 부슬부슬 내리고 있다. 일행은 1924년 국민당 제1차 전국대표회의가 열렸던 당시 국립광둥고등사범대학 본부 건물 종루 강당에 왔다. 강당 외 1층과 2층은 1927년 노신이 중산대학 문학과 주임으로 재직한 것을 기념해서 1959년부터 노신기념관으로 사용되었고, 현재는 수리를 위해 종루 전체를 폐관하였다. 2층 건물 출입문에 공사 중임을 쉽게 알 수 있는 철골 구조물들이 물끄러미 우리를 보고 있는 것 같았다. 아쉽게도 일행은 수리 중인 건물을 밖에서 촬영하고 발길을 돌려 정문 쪽에 세워진 중국 국민당 제1

▲ 현재 노신기념관으로 사용되고 있는 국민당 제1차 전국대표대회 장소

차 전국대표 대회 구지 기념비를 촬영하였다. 기념비는 빗물을 한껏 머금고 있었다. 재미있는 사실은 중국 공산당의 핵심 구성원이었던 이대조(李大釗)와 모택동도 대표로서 참가했다는 점이다. 기념비에서 사실을 확인하고 유월한인회(留粵韓人會) 창설지로 이동했다.

광저우의 한인단체, 유월한인회

사전 조사한 바로는 광저우시 월수남로(越秀南路) 93번지였지만 실제 조사해 보니 89지로 되어 있었다. 상하이 대한민국임시정부는 광둥호법정부와 협력 관계를 유지하기 위해 1920년 9월 25일 박태하를 비롯해 10여 명을 광저우에 파견하고, 광둥성 성장 진형명(陳炯明)의 도움으로 유월한인회를 혜주회관에서 조직하였다. 시간이 5시를 넘겼다. 혹시 입장이 불가한 것은 아닐까. 불안감이 엄습했다. 아니나 다를까 일행이 도착했을 때, 해는 그런대로 하늘에 걸려 있었지만 혜주회관의

▲ 혜주회관 입구에 있는 공농운동사난열사기념비

정문은 굳게 닫혀 있었다. 우려한대로 개방시간이 지났다. 그래도 다행인 것은 건물 마당까지는 접근이 가능했다. 담장에는 2011년 중국전국문물단위로 지정되었다는 동판이 부착되어 있었으며, 2012년부터 대외 개방하고 있었다고 한다. 큰 대문을 열고 들어가자 왼쪽에는 1926년에 건립된 공농운동사난열사기념비(工農運動死難烈士紀念碑)가 보인다. 오른쪽에는 1925년 국민당 중앙집행위원회에 참가하려던 요중개가 저격당한 후 숨을 거두었던 장소임을 알리는 요중개선생기념희생처기념비(廖仲愷先生犧牲處紀念碑)가 서 있었다. 1982년 엽검영(葉劍英)이 쓴 기념비이다. 그 옆에 있는 고목이 그날을 회상하고 있는 듯 구부정하게 비를 맞고 있었다. 아마 1926년 3월 1일 유월한인회에서 3·1운동 기념식을 개최하였을 때에도 이 나무는 그것을 지켜보았을 것 같았다.

시계는 벌써 저녁 7시를 가리키고 있었다. 하루가 이렇게 끝나가고 있었다. 우리는 서둘러 숙소인 중산대학으로 향했다.

동정열사에 누워 있는 독립운동가, 김근제와 안태

2013년 8월 18일, 새벽 6시. 중산대학에서 운영하는 호텔을 나와 주강(朱江)을 따라 조성되어 있는 산책로를 달렸다. 상쾌하기보다는 후덥지근한 날씨가 알싸하게 온몸을 감는다. 40분 정도 아침운동을 하고 호텔로 돌아가는 데 조원기 연구원과 권오수 선생이 식사하기 위해 나를 기다리고 있었다. 가벼운 식사를 마치고 일행은 강정애 박사를 모시고 중산대학 정문을 빠져나와 신호를 대기하고 있는데 강 박사가 주섬주섬 가방에서 아침 요깃거리를 꺼내 들었다. 너무 일찍 나와 차안에서 아침을 해결하고 있는 것이다. 얼마나 바쁘면 이러실까. 미안함과 고마움이 교차되었다.

광저우의 가로수는 수염나무다. 정확한 나무이름은 모르겠지만 나무들이 수염을 길게 늘어뜨리고 있는 것 같아 붙인 이름이다. 옆에 앉은 김기용 사장은 아침부터 '동정진망열사묘'에 자신의 선조께 인사를 드리기 위해 준비해 온 한국 소주와 태극기를 손에 꼭 쥐고 있다. 중산대학에서 황포군관학교까지의 거리는 차로 약 30여 분이 소요된다. 오늘은 일요일이라 그런지 거리에 차가 별로 없다. 9시 5분경 강해대도(江海大道)를 달린다. 왼쪽에 광저우 아시안게임 때 주 건물이 웅장하게 시내를 굽어보고 있다.

차는 광저우대학성(廣州大學城) 이정표를 지나고 있다. 독일제 아우디차가 우리 일행을 태운 차를 아주 위험하게 추월해서 쏜살같이 도망친다. 차보다 빠른 것이 시간 아니겠는가. 오늘 답사 대상지는 내가 이미한두 차례 찾은 곳이지만 공식적인 실태조사는 처음이었다. 긴장의 끈을 놓지 않고 황포군관학교 출신 한인 청년들의 묘를 다시 찾았다. 빠르게 지나온 역사의 끈을 찾아야 하지 않을까. 그 역사에 동참한 강 박사에게 우문을 던졌다.

"강 박사님 언제 발견했죠."
"2010년 4월경에 발견한 것 같아요. 사진을 보면 더 정확하고요."

이 두 분의 묘비는 강정애 박사의 노력이 없었다면 지금까지 세상의 빛을 보지 못했을 것이다. 나도 수차례 광저우에 왔지만 2012년에야 이곳을 찾았던 것이다. 2010년 말, 광저우 중산대학을 방문한 한상도 교수는 이곳을 찾은 후 두 분의 묘소에 대해 다음과 같은 소회를 밝혔다.

"황포군관학교에 남겨진 김근제와 안태 두 분처럼, 수백 명의 한인청년들이 무엇하러 황포도에까지 왔을까. 이제 우리가 그들의 열정과 고뇌를 되짚어 보아야 할 차례이다."

차는 광저우대학성과 황포군관학교 안내판을 따라 빠르게 내려간다. 강정애 박사는 이곳 대학성의 이야기를 잠시 들려준다. 광저우시내 16개 대학의 분교를 설립한 것이라 한다. 예전의 농촌은 지금 배움과 열정이 가득 찬 대학촌으로 바뀌었다. 그 넓은 대학성을 조성하는 데 1년 정도 소요되었다. 중국 공산당의 위력이 만들어낸 결과이다. 돌격형 정책이 빚은 결과인 것 같다. 하와이와 같은 이국적인 모습이 대학성 전체를 감싸고 있다. 대학성을 빠져 나와 10분 정도 달리자 동정진망열사기념관(東征陣忘烈士紀念館)의 거대한 기념문이 일행을 맞이한다. 그때 갑자기 구슬 같은 빗방울이 떨어진다. 먼저 내렸던 강정애 박사가 급히 차로 돌아왔다. 스콜의 위

▲ 동정진망열사묘원 내 학생군묘

력이 대단하다. 약 10분간 차에 갇힌 신세가 되었다. 이윽고 비의 위세가 한풀 꺾였다. 입구를 지나 100미터쯤 올라가자 왼쪽으로 동정열사기념관이 보인다. 그곳을 지나쳐서 바로 김근제 지사와 안태 지사가 누워 있는 묘역으로 향했다. 강정애 박사는 이곳이 예전에는 요중개 공원이었다고 한다. 언제 바뀌었는지 지금은 알 수 없다고 하는데…….어찌되었건 이곳에 두 지사가 누워 있다는 생각에 걸음이 빨라졌다.

마침내 동정열사묘역에 도착했다. 그새 비가 멈췄다. 다행이었다. 황포학생묘군에는 모두 6줄에 66개의 묘비가 있는데 김근제의 비석은 셋째 줄 좌측 4번 째에 위치하고, 안태의 비석은 넷째 줄 좌측 3번 째에 자리 잡고 있다. 김근태의 묘비 전면에는 한가운데에 내려쓰기로 '한국인(韓國人) 김근제지묘(金瑾濟之墓)' 오른쪽에는 '제2학생(金瑾濟二學生) ○○ ○'가 새겨져 있다. 안태의 비석 역시 내려쓰기로 한가운데에 '안태동지(安台同志)'라는 네 글자가 보이고, '동지' 자와 같은 높이의 오른쪽 옆에 '심춘(沈春)'이라는 글자가 쓰여 있다. 오른쪽에는 '한국괴산(韓國槐山)'이, 비석 왼쪽에는 '민국16년 11월 11월 9일(民國十六年十一月九日)'이라고 쓰여 있다. 그중 심춘은 아명이나 아호로 짐작된다.

▲ 동정진망열사묘원 내 김근제 묘비

김기용 사장은 준비해 간 술과 술잔을 김근제 지사 묘비 앞에 가지런히 놓았다. 그리고 언제 준비했는지 태극기를 꺼내 묘비에 비스듬히 세워 놓았다.

GPS를 꺼냈다.

23. 08337 N

113. 41184 E

두 묘역의 위치다.

정주 김씨라는 한 가문의 자손이 아니라 대한민국의 항일 독립운동가로 누워 있는 김근제 지사의 후손이 왔다고 하면 그분은 "그래 고맙다"라고 대답할까. 잠시 상념에 잠겨 있었다. 김기용 사장은 묘비에 술잔을 올렸다. 그곳에 누운 지 80여 년만에 친족이 올린 첫 술잔일 것이다. 그렇다면 오늘 우리가 찾았던 주인공들은 누구인가.

김근제는 1904년생이며 본적지는 평북 정주군 안흥면 안의동 395번지이다. 오산학교

▲ 김근제 묘비

▲ 안태 묘비

에 다니다가 만주로 건너갔다고 전해지는데, 김근제는 집안 형제인 김은제와 함께 황포군관학교 6기생으로 입학했다. 충북 괴산 출신인 안태 역시 6기생이며 김근제와 안태는『황포군관학교 동학록』 '사망동학' 명단에 있지만 신상에 대한 자세한 자료가 없다. 이들은 당시 중국 대륙을 항일투쟁의 근거지로 삼아 한국의 독립을 이루기 위해 황포군관학교에 입학했다.

김근제와 안태의 묘비는 황포 동정진망열사묘원 내 황포군교학생묘역에 있다. 동정진망열사묘원은 1925년 9월 광저우 동강(東江)지역을 세력권으로 하는 진형명이 광저우를 공격하자 이들을 토벌하기 위해 황포군관학교 학생들을 주축으로 전투에 참여했다가 희생당한 학생들의 묘역이다. 동정진망열사묘원은 1928년 장개석의 특별지시로 조성되었다. 희생된 학생들은 장주도(長州島) 만송령(萬松嶺) 여기저기 매장되어 제대로 관리되지 않았는데 1984년 황포군교학생묘원을 조성하고 기념비석을 세웠다.

김기용 사장은 같이 오지 못했던 김우전 전 광복회장의 정성까지 보태서 한참 동안 자신의 선조 묘비를 바라보고 있다. 여기 황포군교학생 묘원은 황포군관학교기념관에서 관리하고 있으며, 황포군교와 약 1.5킬로미터 정도 떨어져 있어서 일반인이 찾기는 쉽지 않은 곳이다. 강정애 박사가 이를 발견하고 알리는 데는 광저우한국총영사관도 한몫 하고 있었다. 민관이 한 마음으로 잊혀진 독립운동가의 묘역을 발굴하고, 보존하는데 힘쓰고 있으며, 특히 중국 측의 관심도 상당히 높아졌다. 일행은 간단한 의식을 마치고 다음으로 해방 후 한인들의 귀환 업무를 담당했던 한교협회 건물을 찾아 나섰다. 조국애의 가슴 저린 영혼을 달래려는 듯 빗방울이 간간히 떨어지고 있다.

한교협회, 중국 광저우 한인들의 귀환을 돕다

하루종일 비가 내린다. 비는 한교협회가 위치한 사면(沙面) 지역에 도착해서도 계속 내렸다. 어쩔 수 없이 우산을 든 채 조사에 나섰다. 한교협회 원주소는 광저우시 사면 중흥로(中興路) 3호이며 현재는 사면 3가 3호다. 사면 지역은 광저우의 치외법권 지역이나 마찬가지였다. 1859년 영국과 프랑스 조계로 내어준 땅으로 150여 개의 유럽풍 건물이 들어선 해외교류의 중심지이자 서구열강의 땅이었다. 각국 영사관이 밀집되어 있었으며, 해방 전 광저우에서 가장 서구적인 건물이 많은 지역으로 알려져 있다. 현재도 40여 개의 서양식 건축물들이 남아 있으며, 발빠른 사업가들은 커피숍이나 고급 레스토랑으로 건물의 용도를 변경해서 사용하고 있다.

일행은 1945년 10월에 조직한 한교협회의 지번을 확인하였다. 해방 직후 한교협회의 책임자는 최덕신이었다. 대한민국임시정부

▲ 한교협회(韓僑協會) 임시사무소

▲ 사면 3가 전경

국무위원 최동오의 아들인 최덕신은 국민당 신1군부대에 소속었고, 제 2차세계대전이 태평양전쟁으로 확대되자 미군과 함께 버마전선에 투입되었다. 신1군부대는 중국에 돌아 온 후, 일본 제23군사령이 있는 광저우로 왔고 최덕신은 일본군투항을 접수하기 위해 사면에 있었다.

한교협회는 조직 준비부터 중국국민당 광저우시 당부에 승인을 얻은 후 추진되었으며, 설립 후에도 광저우시 사회국의 승인을 받아 광저우시 단체 가운데 하나로 운영되었다. "광저우시에 거주하는 한교와 한적사병 가운데 범죄행위가 없는 자"가 한교회원이 되었으며, "대한민국임시정부를 옹호하여 복국운동을 촉진"하는 것을 조직 목적으로 삼았다.

한교협회는 가옥 3채를 빌려 밀려오는 한인들을 수용해 집단거주를 시키면서 중국 측에 빠른 귀환을 요구했다. 영양부족, 위생시설 미비 등 거주환경이 열악해서 환자가 속출했지만 경비가 부족해서 해결방안이 없었다. 최덕신은 귀환을 대기하면서 일본군사령부로부터 한적사병 전부를 인수받아 광저우 일정지역에 집결시키고, 한적사병집훈총대를 조직 운영하였다. 광둥지역 투항 일본군인 10만여 명 중 한적사병은

▲ 승리호텔   ▲ 승리호텔 내부

2,200명이었다. 한교협회와 한적사병집훈총대는 공동으로 활동했다. 1946년 1월 9일 한교협회 사무실에서 신탁통치 반대 회의를 하고 반탁 선언문을 한·중·영 3개 어로 작성해서 각국 영사관에 전달했다.

　유럽풍 건물이 즐비한 사면 3가 일대는 결혼 기념촬영 장소로 손색이 없다. 비가 오는데도 쌍쌍이 미래를 기약하며 카메라를 주시하고 있는 모습이 간혹 보인다. 강정애 박사는 먼저 사면 3가 3호의 위치를 확인하였으며, 조원기 연구원은 3층 건물 전체를 비디오로 촬영하기 시작했다. 우산을 쓰고 촬영하느라 애를 먹고 있었다. 단아한 3층 건물 1층에는 '후난성 주 광저우판사처'라는 스테인레스 판이 부착되어 있었으며, 이곳은 웨딩사진 촬영실로 사용되고 있다. 1층에 들어가 협조를 구했지만 내부는 촬영하지 못했다. 주변에 오래된 수목이 거리의 품격을 말해주고 있다. 다음 조사 대상인 한인귀환을 기념하는 고별식 장소로 이동했다. 당시에는 '빅토리아 대주점'이라고 불렸다.

　사면 3가에서 북쪽으로 샛강을 따라 가니 광저우시 승리빈관 건물이 보였다. 직감으로 저 곳이 1946년 4월에 중국 측 대표 인사들과 한인 귀환 고별식을 거행한 승리호텔일 것이라고 여겼다. 사면 북가 53호에 도착하니 영어로 'VICTORY HOTEL'이라는 간판이 부착되어 있었다. 찾았다. 일행은 자연스럽게 호텔 안으로 들어갔다. 내부는 이미 몇 차례 수리하였다고 하지만 100년 가까운 세월의 무게를 머금고 있는 본래의 건물 자태는 훼손되지 않은 것 같았다. 지배인은 2004년 건물을 대폭 수리하고 300여 칸 객실과 수영장, 헬스, 사우나, 테니스장을 갖춘 리조트형 호텔로 리모델링하였다고 했다.

한교협회와 한적사병집훈총대는 1946년 4월 20일 오후 2시에 사면의 승리빌딩에서 광둥성과 광저우시 정부 및 언론계 인사들이 참석한 가운데 고별식을 거행하였다. 고별식을 마친 한인들은 광저우시 황포에 집결해서 명부조사, 범죄여부 조사, 위생검사를 하고 배를 탔다. 다시 후면(虎門)으로 이동한 뒤 미국 선박에 탑승하고, 4월 24일 귀국길에 올랐다.

김규흥의 광저우
활동 공간

광저우에 체류했던 수많은 한인들의 마지막 회합장소를 찾았다는데서 위안을 삼은 우리는 신해혁명에 참가한 대한국인 범재 김규흥의 활동지를 찾아 나섰다. 이번 광저우 답사의 주요한 목적 가운데 하나였다. 비는 여전히 내리고 있다. 사실 한국인에게 김규흥(金圭興)은 큰 존재감이 없었다. 이러한 사실을 밝히기 위해서 그의 후손들을 비롯해 많은 사람들이 노력하였으며, 이제 조금씩 그의 행적이 밝혀지고 있다.

강정애 박사도 김규흥에 대하여 무척 관심이 많다. 그러면서 김규흥 또

▲ 김규흥 거주지 골목

는 김복이라 불린 조선의 혁명가를 연신 설명하였다. 김규흥은 1872년 충북 옥천에서 태어났다. 1905년 을사늑약을 전후로 자강운동과 애국계몽운동에 나섰던 그는 1906년 고향 옥천에 창명학교를 설립했다. 1908년 김규흥은 고종의 밀명을 받아 제천의 의병 권용일 (權用佾, 1884-1971), 이범구(李範九), 김규철(金奎喆)과 함께 중국 아청은행에 있는 고종의 비자금을 찾기 위해, 또 중국에 무관학교를 설립하기 위해 고종이 원세개에게 보내는 편지 청병조서(请兵诏书)를 가지고 중국으로 출국했다. 출국 도중 일경에 발각되어 권용일은 도주하여 정경로(鄭敬老)라는 가명에 산삼 상인으로 가장하여 인천에서 소금 배를 타고 중국으로 망명했으나, 김규흥은 일제에 체포되어 6개월간 옥고를 치른 후 가택연금 중 탈출해서 중국으로 망명했다.

범재는 1911년 3월에 도강의원(圖强医院)이 운영하는 조보(朝报)신문사에서 독립신문 발간을 구상했다. 당시 범재는 샌프란시스코에 있는 한국국민회에 편지를 보냈는데 그가 보낸 편지는 2달 후인 1911년 5월 11일 샌프란시스코에 도착하였다. 편지에서 그는 "거듭 말씀드리기를 '복(復)'의 본명은 김규흥이니 이 점 양해하시고 (弟)의 성명 및 진행사항은 절대로 신보나 잡보에 등장하지 마시고 비밀을 지켜주시기 바랍니다. 회신은 광둥성 주창강(川仓巷) 도강의원(圖强医院) 조보(朝报)신문사로 보내 주시기 바라며 여러분의 회의하신 결과에……" 상기 주소로 연락을 하라고 했다. 편지의 주요 내용은 신문 발간에 필요한 재정은 중국 인사들이 후원하겠다고 약속했기 때문에 인쇄기만 마련하면 되는 상황인데, 샌프란시스코에 있는 한인회에 인쇄기 지원을 요청하는 편지였다.

김규흥이 기거하던 주창강 도강의원의 원장인 오한지(伍漢持)는 기독교인이며 일찍 동맹회에 가입하고 의사의 신분으로 혁명 활동에 종사하였던 인물이었다. 그는 홍콩에서 의학을 마친 후 1906년 지우창강에 와서 도강의학당을 설립하고 곧 광저우의 법정대학에 입학을 해서 정치경제를 공부했다.

주창강 도강의원은 혁명 활동의 근거지로 이용하던 병원이었나. 중산4로에서 주창강 골목을 쭉 따라나오면 월화로(越华路)와 이어진다. 길을 건너면 1911년 3월 29일 거사를 비밀히 준비한 작전본부 민가가 있고, 다시 월화로를 따라 광저우시 정부청사 방향으로 가면 양광총독부 유적지가 있다. 즉, 혁명당원들은 양광총독부 동정을 살피기 쉬운 월화로에 활동 근거지 병원을 개설한 것이었다.

혁명에 적극적으로 참여한 공로로 김규흥은 광둥지역에 혁명정부가 들어선 이후인 1913년 초 광둥 호군사서(護軍使署) 고문원(顧問員)에 임명됐다. 신해혁명에 가담한 이유에 대해 김규흥은 미주한인회에 보낸 1911년 3월 7일자 편지에서 "중국에서도 광둥은 가장 개화가 빠른 지역이고 왜적에 대한 증오도 깊은 지역이라 독립운동을 도모하기에 가장 좋은 곳으로 판단해 수년째 활동하고 있다"고 밝히고 있다. 김규흥은 이후 홍콩, 베이징, 상하이 등에서 활동하다 1936년 톈진(天津)에서 병사하였다. 다만 그가 조선군 사령관 우쓰노미야를 접견하고 활동자금을 받는 등 석연치 않은 행적들이 계속 나오고 있어 안타까울 뿐이다.

답사단은 구창강 골목길에 들어섰다. 100년 전 모습의 건물은 보이지 않고 50년~60년 정도 된 낡은 건물이 도열해 있다. 현재 구창강 39번지는 전자용품수리점으로 사용되고 있는 것 같다. 정확한 지점이 아닌 것 같아 후일을 기약하고 숙소로 차를 돌렸다.

광저우대한민국임시정부
청사를 찾다!

　　　　　어느 때인지 확실하지 않지만 광저우 대한민국임시정부 청사는 잊혀진 사적지였다. 대한민국! 우리가 자랑하고 사랑하는 조국이다. 하지만 대한민국이 '제국'을 탈피하고 '민국'으로 탄생하기까지의 과정은 일반적으로 잘 알려져 있지 않다. 다음은 중국 창사 『대공보』에서 대한민국의 탄생을 알리는 글이다.

　　4천 3백 년간 계승하여 온 조선 민족의 역사적 권리에 기하여 신세계의 대세에 순응하며 자손만대의 생존과 발전의 자유를 위하여 조선의 독립국임과 조선 민족의 자유민임을 이미 세계만방에 선언한지라. 비록 조선의 국토가 아직 일본 군대에 점거되었다 하더라도 이는 전에 벨기에가 독일에 점거된 바와 같이 조선의 주민은 엄연히 존재한 것이다. 우리 민족은 일찍 일본의 우리 민족 통치권에 대하여 당시 인정 여부에 관한 민족적 의사 표시를 하지 않았을 뿐더러 이번에 전 민족이 일치하여 이를 정식으로 부인하는 의사를 발표한지라. 이에 우리 민족은 다시 세계만방에 대하여 조선의 독립국임과 조선 민족의 자유민임을 선언하고 아울러 전 민족의 의사에 기하여 임시 정부가 성립되었음을 알린다. 과거에 외교 관계를 갖고 있던 여러 우방과 인도(주의)의 기초 위에 새로 건설된 각국은 우리나라에 대하여 두터운 동정과 우의를 표시할 것을 확신한다. 1919년 4월 조선민족 대표.

　　한국이 독립국임을 세계만방에 선언한 대한민국임시정부 선언문은 3·1운동에서 보여 준 성숙된 민의를 함축하고 있다. 1919년 4월 11

▲ 동산호 공원, 잘못 알려졌던 임시정부 청사 터

▲ 동산호 공원

일 성립된 대한민국임시정부는 그 성립과정부터 한국 민주주의의 태동과 그 궤를 같이하였다. 대한민국임시정부는 3·1운동과 동시에 기획되었다. 1919년 4월 10일, 중국 상하이 프랑스 조계에서는 새로운 나라를 세우기 위한 모임이 개최되었다. 먼저 나라 이름을 정하였는데 대한제국에서 공화제인 대한민국으로, 한국사에서 처음으로 공화제의 출범을 알리는 신호탄이었다. 정부를 움직이기 위해 임시의정원을 조직하여 헌법을 제정하고 민주공화국임을 선포하였다. 대한민국임시정부는 이렇게 상하이에서 탄생하였다. 그 후 임시정부는 독립운동의 중심지로서의 역할을 담당하였고 윤봉길 의사의 의거를 준비한 것도 바로 그곳이었다. 하지만 일제는 윤봉길 의사의 의거를 빌미로 프랑스 조계에 있었던 임시정부의 안전을 위협하였으며, 그때부터 임시정부는 고난의 길에 오른다. 쟈싱·항저우·전장을 거쳐 창사에 안착했다.

　일제의 중국 침략이 전방위로 진행되면서 창사 역시 안전지대가 아니었다. 연일 퍼붓는 일제의 공습에 임시정부는 청사를 이전하기로 결정했다. 1938년 7월 17일, 창사에 머물던 임시정부는 기차에 올랐다. 기차는 광저우를 향하였지만 목적지는 광저우가 아니었다. 목적지는 원래

▲ 제시가족(최선화, 제시, 양우조)

윈난성 쿤밍(昆明)이었다. 광저우로 가는 길은 위험천만했다.

임시정부 요인과 가족들이 창사에서 광저우로 피난 가는 길은 일본군의 공습과 더위로부터 자유롭지 못했다. 주로 기차를 이용해서 광저우로 이동하였다. 당시의 이동 상황은 『제시의 일기』를 통해 보면 볼 수 있다.

그렇게 기차를 타고 가던 중에는 갑작스런 일본기의 공습도 만났다. 공습이 오자 기차가 멈추었고, 사람들은 기차에서 내려와 주변의 수풀 속에서 적기가 사라지기를 기다렸다. (중략) 어린아이의 손을 잡고 옆에 엎드려 있는 아주머니... 모두들 숨죽이며 숨어 있다가 저만치 비행기가 사라지자 다시 기차에 올랐다. 그러자 기차는 다시 숨을 몰아 달리기 시작했다.

이러한 생사의 기로를 뚫고 도착한 광저우에서 임정요인과 가족들은 동산 아세아여관에 여장을 풀었다. 1937년 7월 20일의 일이다. 임시정부가 광저우로 이전하는 데 도움을 준 중국의 인물은 후난성 주석 장치중(張治中)과 광둥성 주석 오철성(吳鐵城)이었다. 장치중은 창사에서 광저우까지 이동하는 기차편을 제공해주었고, 오철성에게 소개장을 써주었다. 김구는 소개장을 가지고 임시정부보다 하루 먼저 광저우에 도착했다. 뒤이어 온 임시정부 요인들은 아세아 여관에 여장을 풀었으며, 청사는 동산백원에 꾸렸다.

동산백원. 광저우 동산구에 있는 백원(栢園)을 가리킨다. 일행이 동산 공원에 도착한 시간은 2013년 8월 19일 오전 10시였다. 예전 조사팀에서 동산공원을 동산백원으로 비정해서 왔지만 강정애 박사는 이곳은 단연코 동산백원이 아니라고 했다. 강 박사는 동산구 광저우백화점 근처이거나 한국독립당의 사무실이 있던 와요후가 근처가 아닐까라고 조심스럽게 짐작했다. 분명한 것은 『백범일지』나 『제시의 일기』 등에 보이는 동산백원의 정확한 위치를 아직까지 비정하지 못했다는 것이다. 일행은 동산공원 밖에서 노인들이 수다를 떠는 장면만 보고 발길을 돌렸다.

지성이면 감천이라고. 광저우 대한민국임시정부청사는 2016년 광저우 문물국과 독립기념관의 합작으로 드디어 실체를 확인할 수 있었다.

광저우에는 일찍부터 대한민국임시정부 요인들이 활동하였다. 특히 한국독립당 관련 인물이며 광저우 한인사회 정착에 기여한 김붕준은 그 대표적 인물이다. 당시 그의 주소지가 와요후가 12호였다. 일본의 각종 문서에서 한국독립당 위치는 현재 중국 측에서 주장하고 있는 대한민국임시정부 청사와 거리상 100미터 떨어져 있다. 이를 감안할 때 교통의 요지이면서 이미 한인 지도자들이 정착하고 있던 곳에서 가까운 곳으로 임시정부 청사로 정하였을 개연성이 크다. 따라서 중국 측에서도 100여 명의 인원이 사무와 거주를 함께할 수 있는 지역을 모색하였을 테다. 이미 와요후가 지역에서 활동했던 김붕준의 이견을 받아들여, 유럽식 건물이 들어서 있고 외국인이 생활하기에 비교적 안정된 와요후가 지역이 가장 적합한 것으로 거론되었을 가능성이 크다.

1928년 10월 22일, 중앙연구원 역사언어
연구소가 개소한 곳이 '동산백원'이며, 당
시 주소는 '휼고원후가(恤孤院後街) 35호(號)
백원'이었다. 하지만 현재 휼고원후가는 존
재하지 않는다. 그렇다면 휼고원후가가 다
른 지명으로 변하였던 것이다. 바로 휼고원
로이다. 1923년 측량된 지도 「사구이분서
휼고원후가도」에는 '휼고원후가 29호' 위
치에 '야시원(也是園)'이 표시되어 있다.

▲ 김붕준

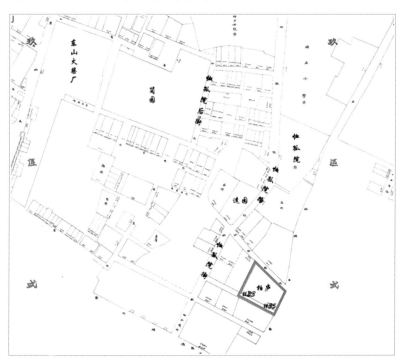

▲ 1929년 광저우시 경계도

특히 1926년부터 1933년 전후 광저우시 토지국에서 제작한 「광저우시 경계도」에는 '야시원'의 자리에 '백려(栢廬)'가 들어서 있으며 '훌고원가 33호 및 35호'로 표시되어 있다. 1923년 지도의 '야시원'이 1933년에는 보이지 않고 '백려'로 표기되어 있어, '백려'는 1923년 이후에 새로 건축된 건물로 보이다. 훌고원로 구역 번지수를 조사한 결과 35호는 '백려' 한 곳뿐이다. 광저우시의 조사 결과 「광저우시 경계도」의 '훌고원가 33호 및 35호'는 현재 '훌고원로 12호' 위치임을 확인하였으며, 동서 양쪽 정면 모습이 1928년 10월 중앙연구원역사언어연구소 개소당시 '훌고원후가 35호 백원'의 1층 입구 사진과 동일하다.

▲ 1933년 광저우시 경계도

중앙연구원 역사언어연구소가 중산대에서 '백원(栢園)'으로 이전하여 1928년 10월에서 1929년 6월까지 사용하였으며, 1938년 7월부터 9월까지 대한민국임시정부 청사로 사용되었다. 현재 동 건물은 광둥성 공산당 위원회 소유로, 노동자 등 저소득 계층의 거주지로 사용되고 있으며, 외관 등 보존 상태는 양호하다.

중앙연구원 역사언어연구소가 개소한 '백원'이 '동산백원'과 동일한지 추가 자료가 필요하지만 현재로서는 당시 정확한 고유명칭은 '백원'으로 불렸다. 이는 주변의 다른 건물의 명칭을 보더라도 명확하게 알 수 있다. 광저우 대한민국임시정부 청사가 '동산백원'에 자리하였다는 우리 측의 모든 자료가 일치한다. 다만 안춘생의 구술, 즉 아세아여관을 임시정부 요인들이 사용했다고 하는 점에 대해서는 추후 조사가 필요하다. 동산백원은 동산구의 백원일 가능성이 크다. 왜냐하면 간원, 규원 등도 동산간원, 동산규원으로 불리지 않았다. 제시의 일기에 '동산백원'에 작은 따옴표를 사용한 것으로 보아 '백원'을 당시에는 '동산백원'으로 불렀던 것으로 사료된다.

2017년 주광저우 대한민국총영사관에서 '동산백원'의 원 소유자를 확인하였다. 8월 28일 이른바 중화민국시기 미곡 사업을 했던 채울문(蔡蔚文, 1926년 사망)의 후손이 주광저우 대한민국총영사관을 방문하여 토지소유권증서를 제시하면서 '동산백원' 건물의 소유주임을 확인하였다. 이를 통해 그동안 1928년 중앙연구원이 설립된 장소로 알려진 동산백원의 실체가 바로 대한민국임시정부 광저우청사로 사용되었다는 사실이 한층 더 명확해 졌다.

포산의 임시정부

　　　　　일행을 태운 차량은 광저우 시내에서 서남쪽으로 향하고 있었다. 양우조와 최선화 등이 머물렀던 포산(佛山)의 복경방(福慶坊) 28호를 확인하기 위해서였다. 개인적으로 찾은 적은 있지만 공식적 촬영은 이번이 처음일 것이다. 포산은 염문과 같은 무술인들의 근거지이기도 했다.

　1938년 9월, 일제의 공습과 광둥성 광저우 침략이 임박해지면서 임시정부 요인과 가족들은 포산으로 거주지를 이동하지 않을 수 없었다. 임시정부 요인 가운데 한 명인 양우조는 그 가족들과 함께 복경방 28호에 거주하였다. 『제시의 일기』를 통해 당시 급박했던 상황을 떠올려 보겠다.

　　오후 2시 30분 우리 일행은 포산진으로 향했다. 포산은 광저우에서 서쪽으로 약 25킬로미터 떨어진 곳이었다. 믿었던 중국군은 일본군에게 연신 대패하여 뒤로 밀렸고, 광둥성의 수도 광저우의 동산백원에 정착했던 임정은 다시 피난을 결정한 것이다. 우리 가족을 비롯한 임정 식구 40여 명은 대영리기선으로 광저우시 월해공사 마두(馬頭, 부두)를 떠나 오후 4시 30분에 포산진 중산교 마두에 상륙했다. 우리 가족은 미리 준비되었던 복경방 28호를 찾아 들어갔다.

　40분 정도 차를 몰아 도착한 복경방 골목은 100년 전의 모습을 그대로 간직한 듯 했다. 특히 골목길은 고풍스럽기까지 했다. 복경방 32호, 바로 예전에는 복경방 28호 건물의 지빈이 바뀐 것이다. 거주하는 사람이 없었다. 주변사람들에게 물으니, 집주인은 홍콩에 있으며 세입자는 얼마 전에 퇴거했다고 한다. 지금은 건물만 덩그러니 남아 있었다. 집

▲ 포산 임시정부 요인 거주지

구조는 다섯 가구 이상이 거주할 정도는 되어 보였다. 외관 이곳저곳에 세월의 무게를 견디지 못한 듯 생채기가 남아 있다. 중국 남방식의 건물. 하지만 양우조와 최선화 부부가 어린 제시와 임시정부의 원로들과 생활을 함께 했던 곳. 복경방 28호의 존재는 그래서 더욱 소중했다.

다시 황포군관학교를 가다

2013년 8월 20일, 아침 6시 중산대학 숙소를 나와 주강 (珠江)을 따라 설계된 산책로를 가볍게 뛰었다. 날씨 탓인지 10분만에 온몸이 땀으로 범벅이 되었다. 수많은 사람들이 제각기 자신에 맞는 운동을 즐기고 있었다. 중국인들의 아침운동은 우리와는 다른 느림의 미학이 있는

▲ 황포군관학교 정문

것 같다. 한참을 감상하고 숙소로 와서 오늘 답사할 일정을 점검했다.

황포군관학교 기념관 관장을 면담하기 위해 길을 나섰다. 황포군관학교의 전시관 내 한인 학생들의 항일공동투쟁사를 복원하기 위한 공동전시 계획을 의논하기 위해 마련한 자리였다. 강정애 박사는 연신 기사가 너무 느리게 간다고 타박 아닌 타박을 한다. 그도 그럴 것이 시내에서 차가 없는데도 40킬로미터의 속력으로 간다. 광저우대한민국총영사관 기사들의 운전 솜씨에 익숙해진 강정애 박사에게는 너무 느린 속도인 셈이다. 기사는 눈치를 챘는지 이틀 전과는 다르게 차를 빨리

몰았다. 차는 중
산대학을 떠난 지
불과 15분 만에
광저우대학성을
지나고 있었다.
타박의 효과가 나
타나기 시작한 것
이다.

　황포군관학교
로 가기 전에 강정애 박사는 화분을 준비하겠다고 한다. 정성이 지극하
다. 그 열정이 하늘을 감동시킬 것이다. 날은 요사이 날씨와는 달리 태
양을 허락했다. 차가 장주도에 도착하자 강정애 박사는 재빨리 화분을
사가지고 차로 돌아왔다. 40분 뒤 황포군관학교기념관 정문에 도착하
니 펑후이 관장이 뜨거운 마음으로 일행을 맞이했다. 펑후이 관장과 함
께 복원된 황포군관학교에 들어서자 학생들이 군사훈련을 받고 있었
다. 앳되어 보이는 학생들은 무더운 날씨에 군사훈련을 받느라 지쳐서
그런지 잠시 쉬고 있었다. 일행은 바로 귀빈실로 안내되었으며, 펑 관
장은 잠시 일이 있다고 하면서 자리를 떴다.

　머쓱하게 펑 관장을 기다리고 있었다. 잠시 후 펑 관장과 안내해설사
두소제가 일행에게 다가와서 안내를 자청했다. 강정애 박사와는 무척
친해 보였다. 빠른 손놀림으로 마시는 차를 내어 왔다. 철관음(鐵觀音)
같았다. 그윽한 차 향이 입안에 퍼지기도 전에 펑 관장은 황포군관학교

▲ 황포군관학교에서 군사훈련 중인 학생들

한인 특별 전시문제에 대해 협의하자고 했으며, 양쪽이 만족할 만한 긍정적인 답변이 나왔다. 두소제의 안내로 황포군관학교 전시관을 둘러 보았다. 몇 번 왔는데, 올해 6월부터 새롭게 특별전시를 진행하는 곳으로 일행을 안내했다. 이른바 양씨 삼걸(三傑) 특별전시였다. 양정명·양우명·양중명는 황포군관학교 출신의 화가로서 이름을 날렸다. 해방 후 타이완에서 활발한 작가 생활을 했다. 황포군관학교는 타이완과 대륙을 잇는 통로이기도 하다. 타이완 까오슝(高雄)에는 황포군관학교의 전통을 잇는 육군군관학교가 지금도 맥을 잇기 때문이다. 전시를 보면서 황포군관학교는 우리에게 어떤 곳이었나 하는 상념에 잠겼다.

1920년대와 1930년대 광저우 지역 한국독립운동의 또 하나의 근거지는 황포군관학교였다. 정식 명칭은 '중국 국민당 육군군관학교'이며, 1926년 6월 국민정부 군사위원회의 결의에 따라 '국민혁명군 중앙군사정치학교'로 개칭하여 국민당 집행위원회에 직속하였다. 황포군관학교에는 한국 청년 약 30여 명 정도가 졸업했다.

1924년 봄, 김원봉은 광저우에서 손중산을 면담하고 한적학생들의 황포군관학교 입교를 건의하였으며, 자신도 4기로 입학하였다. 황포군관학교에는 김원봉 계열의 의열단뿐만 아니라 통의부 계열도 참여했다. 황포군관학교의 한적 학생들은 대부분 국민혁명군의 북벌과 중국

공산당의 광저우봉기에 참가했다. 4기에는 박효삼과 강평국·권준·이집중·박건웅 등이 있었으며, 5기에는 박시창·신악 등 6명이 재학하였다.

교관으로는 대표적으로 양림을 들 수 있다. 황포군관학교는 중국의 군관학교이지만 한국의 청년들이 국권회복을 위해 자신을 연마했던 독립군 배출의 요람이라고 할 수 있다. 황포군관학교를 연구한 한상도 교수는 『한국독립운동과 중국 군관학교』라는 저서에서 한인들이 황포군관학교에 입학하게 된 정황을 다음과 같이 서술했다.

한인 혁명가들은 중국 현대사의 흐름을 주시하면서 보다 효율적인 운동 노선의 모색을 위해 황포군관학교 입교를 선택하였다. 국공 합작의 모순과 갈등이 첨예화하던 1926년 김원봉을 비롯한 24명의 한인이 4기생으로 입교한 것은 이러한 사실의 단면을 보여준다. 황포군관학교 입교에는 의열단뿐 아니라 임정 중심 세력 및 재만 한인독립운동 진영에서도 적극 참여하였다.

이제 김근제, 안태의 자료를 찾기로 했다. 간단하게 점심을 해결하고 광둥성 당안관으로 향했다. 광저우시 천하구(天河區)에 위치한 광둥성 당안관은 규모부터가 달랐다. 광저우대한민국총영사관에서 받은 소개서를 보여주고 당당하게 두 분의 관계 서류를 보자고 했다. 물론 정중하게 말이다. 친절한 안내데스크의 직원은 여권을 복사한 후, 목록청에서 자료신청을 하면 된다고 한다. 강정애 박사가 담당직원에게 서류를 건넸다. 두 분의 기록이 없다고 한다. 입학서류 및 신원카드를 확인하려 했던 일행은 실망했지만 여기서 멈출 수는 없었다. 김근제 지사의 후손이 80여 년 만에 왔다고 하면서 가능한 한중양국 공동항일투쟁을 상기시켰다. 직원은 지금까지 확인된 서류가 전부라면서 일행에게 미안한 얼굴로 배웅인사를 했다.

광저우 봉기 때 희생당한
한인을 만나다

광저우에는 혁명의 기운이 곳곳에 묻어 있다. 한국인들이 이 먼 곳까지 와서 중국의 혁명과 한국의 독립이라는 '두 마리 토끼'를 잡기 위해 자신의 몸을 던졌다. 강정애 박사는 '중조인민혈의정'에 바로 이러한 공동항일투쟁사가 고스란히 녹아 있다고 한다. 1927년 광저우 봉기에 참가한 한인 청년들은 조국의 독립을 위해 중국의 혁명에 참가하면서 무슨 생각을 했을까.

차는 벌써 광저우 기의공원(廣州起義公園) 후문 앞에 당도했다. 1927년 광저우봉기에서 희생당한 5,700여 명을 추모하기 위해 1957년에 거대한 능원을 축조하고 공원을 조성하였다. 능원 동쪽으로 호수를 지나면 중조인민혈의정이 있는데 정자 처마 밑에는 붉은 바탕에 '중조인민혈의정(中朝人民血谊亭)'이라는 금빛 글자가 새겨진 현

▲ 광저우기의 공원

▲ 중조인민혈의정 전경　　　　　▲ 중조인민혈의정 비문

판이 있고, 정자 내에 있는 거대한 비석 주위로 황금 노년을 보내고 있
는 연세 지긋한 분들이 춤사위를 선보이고 있었다. 신중국 건국 후 광저
우시 초대 시장을 지낸 이 거대한 비에는 엽검영(葉劍英)이 쓴 다음과 같
은 비문이 새겨져 있다.

> 1927년 12월 11일 광저우 노동자 계급과 혁명 병사들은 중국공산당의 지
> 도하에 장렬한 무장봉기를 일으켰다. 봉기에 참가한 혁명 병사중에 조선청
> 년 150여 명이 있다. 그들은 중국 전우들과 함께 의로운 깃발을 높이 들고
> 어깨를 나란히 하고 싸웠다. 사하전역에서 그들은 대부분 마지막 진지를 사
> 수하다가 장렬히 희생함으로써 무산계급의 위대한 국제주의 정신과 두려움
> 모르는 혁명적 영웅기백을 발휘했다. 광저우봉기에서 희생된 조선동지들은
> 천추에 길이 빛날 것이오. 중조 양국 인민의 전우는 영원히 변함없으리라.

광저우 봉기에서 희생당한 한인은 150여 명으로 파악되고 있다. 광
저우 봉기는 중국의 국공합작이 결렬되면서 항일독립운동을 하기 위
해 이국 땅까지 온 한인 청년들의 얼이 서려있다. 중국 공산당과 합류
하면서 1927년 12월 국민정부군대의 공세를 견디지 못하고 안타깝게
희생당하고 만 슬픈 역사의 단면이기도 하다. 이를 아는지 모르는지 중
국 어르신들은 열심히 '댄스'에 열중하고 있었다.

한인청년들이 머물렀던
사하병영과 와요후가

　　　　답사 5일 째인 8월 21일 아침 6시 30분, 날씨가 후덥지근하다. 중산대학 숙소에서 나와 주강을 다시 걸었다. 강아지와 산책하는 사람들, 좌판을 펼쳐놓고 생활용품을 파는 사람들……. 정말 다양한 모습의 사람들이 보인다. 가볍게 달리기를 했다. 오후 5시에 주광저우대한민국총영사관에서 외교관 및 교민 대상의 특강이 잡혀 있었다. 서둘러야 했다. 8시에 숙소에서 출발했다. 황포군관학교의 예비 입오생들이 훈련을 받았던 사하병영을 찾았다.

　입오생들은 광저우 근교 국민혁명군의 군사시설에 수용되어 사관과정 이수에 필요한 기초적 군사지식을 교육받는 동시에 군사 요충지 경비와 실전에도 동원되었다. 입오생들이 수용된 곳 중의 하나가 사하병영인데, 당시 많은 한인 청년들이 이곳에서 예비 훈련을 받았다. 사하병영의 입오생부 교관으로는 박효삼·강평국·오성륜·이류곤 등이 근무하였다. 사하병영의 한인 청년들은 손문의 호법 정부를 지키기 위해 중국 혁명에 참가하고 전투에 참여했다.

　사하병영의 위치는 광저우로 들어오는 동쪽 길목이다. 사하(沙河)와 연당(燕塘) 일대에 국민당 장발규(張发奎)의 제12사 36단이 주둔하였고, 연당은 지형이 높아 포병부대가 설치된 군사요지였다. 1927년 광저우 봉기 때 많은 한인들이 사하진을 방어하면서 희생당했다.

　사하병영을 찾았을 때 긴장감이 돌았다. 옛 병영터에는 지금도 군시

▲ 사하병영

설인 광저우군구 경비사령부가 자리잡고 있었다. 권오수 선생도 군부대를 촬영하는 것이 부담스러운 모양이었다. 1920년대 한인들이 훈련받을 때 사하진은 군사지구였지만 현재는 대형 의류센터 등이 들어와 옛 사하진의 모습은 찾을 수 없었다. 하지만 광저우 군 경비사령부가 자리를 지키고 있어 그나마 사하병영의 명맥을 잇고 있구나 하는 생각이 들었다. 강정애 박사가 군사시설을 노골적으로 찍는 것은 위험하니 빨리 촬영하고 다음 조사 사적지로 이동하자고 한다.

상하이 대한민국임시정부는 전 민족이 대동단결하여 유일정당을 조직하여 독립운동을 전개하고자 좌우를 아우르고자 했다. 한국독립당은 이러한 바탕으로 탄생하였다. 1932년 9월, 한국독립당 광저우 지부가 설치되었다. 한국독립당 광저우지부의 책임자는 김붕준이었다. 그는 양우조와 함께 광저우에 체류하는 청년들을 규합하여 당세력을 확대했다. 그는 복음촌에 자리를 잡았다. 그의 큰 여식 김효숙은 당시 상황을 다음과 같이 묘사했다.

초행의 길로 배를 타고 세계 국제항인 홍콩에 들려 구경하고 기차로 광저
우에 다달하였다. 초행이라 막연한 가운데 알아본즉 시외 복음촌이라 하는
곳에 안식교 위생병원이 위치하고 있다는 상황......

한독당 광둥지부는 일찍부터 광저우에 체류하는 청년들을 규합하
여 당세력을 확대했다. 사무실은 외국풍의 건물이 들어서 있는 와요후
가로 정했다. 혁명인재 양성을 목적으로 청년들에게 중산대학과 황포
군교 등 광둥에 있는 학교에 입학을 알선하고 학업의 편의를 제공했
다. 특히 중산대학과는 별도의 관계를 맺어 한독당에서 추천하는 학생
은 입학은 학비와 기숙사비를 면제하고 생활비도 보조해 주었다. 그해
1932년 11월 한국독립당 광둥지부는 상하이 동북의용군후원회(東北義勇
軍後援會) 대표 왕보전(王葆眞)과 회의를 개최하고, 한인 및 중국국민당원
유지로 중한협회를 결성하기로 결정하였다. 이후 중한협회는 중한연합
원조동북의용군대회(中韓聯合援助東北義勇軍大會)로 개편되어 광둥지역 중
국인 항일운동세력과 한중연합 연대를 구축했다. 간사 양우조는 광둥
성정부 방직공업관리위원회 위원으로, 또 상하이 동북의용군후원회 광
둥지부 회원에서 활약을 하면서 국내에서 한글 활자를 구해서 한독당
광둥지부 기관지 『한성(韓聲)』을 발간하였다.

한국독립당 광저우지부였던 와요후가는 개발의 바람을 조금은 빗
겨간 듯했다. 고풍스러운 붉은 벽돌의 건물들이 질서 정연하게 들어 있
다. 일행은 와요후가 41번지를 찾아 나섰다. 와요후가와 와요후횡가를
종횡무진 다녔지만 41번지는 찾을 수 없었다. 주변 사람들에게 물어보

니 철거된 것 같다고 한다. 가까운 곳에 중국공산당 제3차 대회 옛 건물이 그대로 보존된 것과 비교가 되었다. '사적지는 게으른 후생을 더는 기다려주지 않는다'는 말을 되뇌며 주광저우대한민국총영사관의 특강을 위해 발길을 돌렸다.

▲ 한국독립당이 자리였던 와요후가 일대

푸젠성을 가다

아나키스트들의 활동지, 푸젠성으로

　　다음날 오전, 답사단은 광저우 조사를 점검하고 김근제 지사의 후손인 김기용 선생과 작별인사를 나눈 뒤, 푸젠성 조사를 위해 샤먼(夏門)으로 향했다. 오후 비행기라 여유 있게 광저우 공항에 도착했지만 비행기가 연착이라고 했다. 공항에서 푸젠성 조사 일정을 점검하고 비행기에 몸을 실었다. 비행기는 1시간 연착되어 오후 6시 10분 샤먼(夏門) 공항에 도착했다. 하루 종일 공항에서 대기하고 있었기 때문인지 몸도 마음도 개운하지 않았다.

　　샤먼 공항에는 한국의 배우 차태현을 닮은 가이드가 옅은 미소를 띠고 '독립기념관'이라고 쓴 종이를 들고 있었다. 손을 들어 우리가 그 일행임을 알려 주었다. 이름은 조영일(趙永日), 앳된 얼굴의 가이드는 지린성 연길 철남이 고향이라고 한다. 반가웠다. 10여 년 전 무수히 많이 다녔던 그 길에서 자란 청년을 여기 와서 보니 더욱 그러했다. 차는 바로

샤먼 공항을 빠져나와 첸저우로 향했다. 날이 어두워서 그런지 첸저우 (泉州) 로 가는 길은 긴 터널을 지나는 느낌을 준다. 8시 10분경 첸저우 시내에 도착해서 숙소인 이성대주점에 도착했다.

푸젠성은 한국의 아나키스트뿐만 아니라 중국의 아나키스트들이 활동하던 근거지였다. 이번 푸젠성 답사는 한국에서 정식으로 답사한 적이 한 번도 없는 미지의 지역이었다. 푸젠성은 중국 남부에서도 동쪽 끝자락에 자리 하고 있다. 타이완과 가장 가까운 곳에 위치한 지역이다. 푸젠성의 중심 도시는 푸저우(福州)인데 이번 조사에서는 제외하였다. 일정상 첸저우와 샤먼으로 한정했다. 특히 첸저우는 정화암, 유자명을 비롯한 아나키스트들의 활동 지역이라 그동안 사적지 조사에서 덜 주목받은 곳이었다. 내일 일정을 다시 한 번 검토하고 피곤한 몸을 침대에 맡겼다.

여명중학을 찾아라

　　　　　아침 8시 30분, 호텔을 빠져나온 차는 유자명이 근무했던 여명고등학교를 찾아 나섰다. 조영일 현지 가이드가 미리 조사했다고 한다. 지금은 여명대학이 되었다. 9시 10분경 여명대학의 철제 간판이 눈에 들어왔다. 장 기사와 조영일 씨가 재빨리 내려서 경비한테 달려간다. 동작이 참 빠르다. 일행도 장비를 챙겨서 내렸다. 유자명은 1928년 남경피압박민족연합회 활동을 전개하면서 첸저우 여명고급중학교 생물학 교원으로 근무하였다. 이후에는 유기석도 지리교사 겸 체육교사로 활동하였다. 여기에서 유기석의 회고록 『30년 방랑기』에 나오는 여명고급중학교를 잠시 보겠다.

　　여명에는 한 가지 특징이 있는데 바로 학교 기숙사에서 사는 학생들은 매일 아침 반드시 아침 체조에 참가해야 하는 것이었다. 이 아침 체조를 지도하는 것이 체육교사의 가장 중요한 임무였다. 나는 중학교 시절에 몇 가지

▼ 여명직업대학 정문

유연체조와 중국 무술을 배운 적이 있었기 때문에 좋은 용도로 사용할 수 있었다. 그러나 가장 곤란한 것은 많은 학생들이 늦잠을 자고 아침 체조에 나오려 하지 않는 것이었다. 설령 아침 체조에 나온 학생이더라도 맨발이거나 나막신을 신고 운동장에 왔기 때문에 그들에게 달리라고 하거나 혹은 비교적 어려운 동작을 시킬 수가 없었다.

여명대학은 통항서가에 위치하였다. 대학 교정으로 들어가려는데 경비 아저씨가 난색을 표한다. 소개장이 없으면 입장이 불가하다는 태도를 끝까지 고수한다. 푸젠성이 고향인 장 기사가 다시 한 번 경비에게 교내 진입을 요청했지만, "감히 너희들이 소개장도 없이 들어가려고 해"라는 표정으로 일행을 보면서 완강하게 거부했다. 정문 앞에 요철이 있는데도 차들은 무엇이 급한지 빠르게 지나간다. 그 시절 독립운동가들의 흔적을 보기 위해 이제야 이곳을 찾은 후세들의 게으름을 책망이라도 하듯, 도로 위를 달리는 차들처럼 80여 년의 세월도 빠르게 흘렀다.

어쩔 수 없이 여명대학 정문만 열심히 촬영하고 무거운 발길을 돌려야 했다. 그런데 지금의 여명대학은 어딘지 모르게 지나치게 현대식 건물들로만 보였다. 그리고 1920년대 첸저우시의 중심지에서도 많이 떨어져 있었다. 무언가 석연치 않았다. 그래도 믿을 수밖에 없어 다음 목적지인 설봉사를 향해 출발했다.

의열단원 김상윤이 머문 곳

비가 다시 부슬부슬 내리기 시작한다. 참, 알 수 없는 날씨다. 태풍이 지나간 지 이틀이 되었는데도 첸저우시의 날씨는 끈적끈적했다. 차 안이 제일 안락한 느낌이었다.

첸저우에는 몇 개의 큰 사찰이 있는데, 설봉사는 첸저우 시내에 위치한 것이 아니라 첸저우 구시가지에서 북쪽으로 약 35킬로미터 떨어진 곳에 위치하였다. 설봉사에는 의열단원 김상윤의 기념비가 있다고 전해진다. 아직까지 공식적으로 조사한 적이 없다. 습기 가득한 날씨로 단원들은 기분이 썩 좋지 않았다. 특히 사진 담당자는 더욱 그래 보였다. 일행은 차 안에서 김상윤이라는 낯선 독립운동가에 대한 이야기를 풀어갔다.

김상윤(일명 김옥)은 1897년 경남 밀양 하남면 대사리에서 태어났다. 그는 밀양동화학교를 졸업하고 고향에서 부모의 농사일을 돕다가 일본의 횡포가 심해지자 조국의 독립을 위해 만주로 망명하였다. 만주에서 김상윤은 김원봉을 만났고, 1919년 11월 지린시 파호문 밖에서 의열단을 조직하였다. 1920년 3월경부터 본격적인 행동을 시작하였으며 그해 3월과 5월 두 차례에 걸쳐 김원봉·곽재기·이성우가 상하이에서 구입한 폭탄을 안동현을 거쳐 밀양으로 보낸다. 김상윤은 동지들과 같이 각기 국내로 들어와서 밀양으로 잠입하였다.

거사를 위해 폭파 대상의 정보 수집을 하면서 최경학과 밀양경찰서 폭파 계획도 상의하였다. 그러던 중 의열단의 첫 의거계획이 경찰에 탐

지되어 주력 단원인 곽재기·
이성우·윤치형 등이 서울에서
검거되었다. 밀양의 김병환 집
에 숨겨둔 폭탄이 압수되고 계
속하여 많은 동지가 체포되었
다. 김상윤은 한봉근과 같이
수사망을 벗어나서 만주로 돌
아갔다. 1925년 상하이에서 의
열단 재정비에 참여하여 항일

▲ 설봉사 김상윤 기념비

투쟁을 계속하였다. 그러나 의열단의 노선이 직접적인 일제에 대한 공
격보다는 중국 군관학교에 입교라는 수단을 통해 중국 정부로부터 독
립 원조를 받는 것으로 바뀌자, 김상윤은 김원봉과 의열단에 대해 비관
하게 되었다. 그래서 1926년 첸저우 설봉사로 들어가 머리를 깎고 승
려가 되었다.

최근 〈암살〉이라는 영화가 많은 대중들의 사랑(?)을 받으면서 독립운
동에 대한 관심이 많이 높아진 것은 사실이다. 그 영화에서도 의열단
인물들이 나온다. 자신을 버리면서 의를 취하고자 했던 수많은 독립운
동가들을 생각할 즈음 차는 첸저우시내를 빠르게 빠져나갔다.

비구름이 첸저우 시내를 다시 뒤덮었다. 비가 올 참인가 보다. 숙련된
장 기사는 태풍의 영향으로 요즘 첸저우를 비롯한 푸젠성 지역 날씨가
변덕스럽다고 한다. 설봉사를 가는 길에 크고 작은 채석장이 눈에 띈
다. 산을 직각으로 깎아 내려 흉물스러운 모습은 인간의 보다 나은 삶

에 대한 욕정의 그림자 같았다. 30여 분 지났을까. 설봉사 이정표가 보인다. 차는 한참동안 좁은 산길을 곡예하듯 달렸다. 산 중턱에 자리잡은 설봉사가 눈에 들어왔다. 고즈넉한 절이다. 일행은 각자 김상윤 기념비를 찾기 위해 절 경내로 흩어졌다. 조영일 씨는 절의 승려를 만나자세한 이야기를 듣고 싶다며 어디론가 사라졌다. 큰 경내에 스님들도보이지 않는다. 할 수 없이 관음전 아래쪽으로 발길을 돌리는데 거짓말처럼 가랑비가 장대비로 바뀌었다. 땅과 하늘이 비로 만난 것처럼 빗방울의 굵기가 구슬 만해 졌다. 급하게 빈 정자로 발길을 옮겼지만 옷과 신발은 완전히 젖고 말았다. 20여 분 지났을까. 휴식을 취하는 듯 비는 잦아들었다.

1927년에 세워진 김상윤 기념비를 찾기 위해 다시 관음전 뒤로 발길을 돌렸는데, 1890년대에 세워진 승려의 공적비 외에는 아무것도 없었다. 허탈하게 관음전에 다다랐을 때 조원기 연구원이 호들갑스럽게

▲ 설봉사 김상윤 기적비(후손 제공)

"선생님 찾은 것 같아요." 외친다. 아…… 스님 한 분이 기념비에 대해서 설명한다. 사도실, 스님 법명인지 원명인지 분명하지 않은데 그렇게 자신을 밝혔다. 스님의 말로는 1927년 당시의 비가 아니라 한중수교 이후에 세워진 비라고한다. 그래도 반가웠다. 스님

과 함께 관음전을 나와 20미터 산 위로 오르자 한글과 한자가 섞여 쓰인 기념비가 반듯하게 누워 있었다. 자세히 보니 1995년에 한국광복회와 경주 김씨 종친회에서 세운 것이다.

스님은 이 기념비가 중국 지방정부의 공식적인 허가를 받지 않고 세워졌기 때문에 이런저런 문제로 이렇게 누워 있다고 했다. 미안한 표정의 스님은 멀리 한국에서 온 일행들이 고마운 듯 당시 상황을 열심히 설명했다. 특히 한국과 중국이 공동으로 투쟁한 사실에 대해서도 차분하게 이야기했다. 비가 멈추었다. 언제 왔는지 모를 정도로 말이다. 일행은 스님과의 인연을 소중히 간직한 채, 설봉사와 이별을 고하였다. 정말 고된 반나절이다. 그래도 다행인 것은 우리와 함께 다닌 운전기사가 항일 역사에 관심이 많다는 사실이다. 스님과의 대화에서도 적극적이었던 것을 보면 이번 푸젠성 첸저우에서는 좋은 기사 분을 만난 것 같다. 훗날 안 사실이지만 김상윤 후손들이 직접 첸저우 설봉산에 자신들의 조부 기념비를 새롭게 건립했다고 한다. 그 열정에 감사할 따름이다.

멀리 돌아 가까이에서 찾다
-제대로 찾은 여명고중

김상윤 기념비에 대한 상념에 젖어 있을 때, 차는 벌써 첸저우 시내에 들어왔다. 간단한 볶음밥으로 점심을 대신하고 저녁에는 삼겹살로 단원들의 배를 채우겠다고 공언했다. 다음 행선지는 화암 정현섭의 자서전 『이 조국 어디로 갈 것인가』에 나오는 첸저우 중산공원이었다. 첸저우 시내 한복판에 있는 중산공원은 '일화배척운동' 등 시민대회가 개최되었던 곳이다. 정화암은 이강과 이기환의 체포로 불만이 팽배해진 첸저우지역 중국인들의 불만을 항일로 승화시키기 위해서 일본인 선원을 체포하여 중산공원에서 일본제국주의에 대한 침략 규탄대회를 개최하였다.

차가 중산북로 초입을 지나는 순간, 왼쪽으로 여명직업대학 간판이 눈에 들어왔다. 아차 싶었다. 저것이 여명고중의 후신일지도 모른다는 생각이 들었다. 300여 미터 뒤에 차를 멈추게 하고 조영일 씨에게 확인을 부탁했다. 권오수는 연신 카메라에 중산공원을 담았고, 조원기 연구원은 큰 덩치에 작아보이는 비디오 카메라를 전문가처럼 들고 이리저리 동영상을 찍으며 역사에 남기고 있었다. 30분 정도 지났을까. 조

▲ 여명직업대학 내부 전경

영일 씨가 허겁지겁 중산공원 쪽으로 왔다. 아침에 확인한 곳은 여명고중의 후신이 아니며, 여명직업대학이 여명고중의 후신이 맞다고 했다.

바로 확인하기로 하고 여명고중 정문으로 향했다. 여명고중 정문 앞에는 첸저우시 문물관리위원회에서 1984년 6월에 건립한 '첸저우여명고중유지' 기념비가 떡 버티고 서 있었다. 여명고중 옛 건물을 어렵게 찾았다는 안도감이 몰려 왔다. 이 학교 경비는 친절하게도 교문 진입을 허락했다. 교문을 들어서자 큰 고목이 정면에 버티고 있었다. '학교의 역사가 나다' 라고 외치는 형상이었다. 왼쪽에는 ○원루, 오른쪽에는 여명 교학루가 오래된 건물의 풍채를 뽐내고 있었다. 이곳 어딘가에 유자명을 비롯하여 유기석과 정치화 등 한인 교사들의 채취가 지금도 온기를 머금고 다가오는 것 같았다. 우리는 교내에서 한참을 서성거렸다.

이렇게 첸저우의 악천후 속에서 공식적인 첫 답사의 하루가 끝나가고 있었다. 약속대로 일행을 삼겹살 구이집으로 안내했다. 중국에서 우화로(五花肉)라고 하는 삼겹살은 한국인들이 가장 즐겨 먹는 음식이다. 김영일 가이드가 첸저우 시내에서 삼겹살 구이를 하는 집을 찾았다. 주인은 한족이었으며, 다행스럽게도 김치 삼겹살이었다. 비를 맞으며 찾아 나섰던 김상윤 기념비에 대한 회상을 하면서 그렇게 푸젠성 첸저우의 밤은 깊어갔다.

한국 아나키스트들의
활동지를 찾다

　　　　　　다음날 아침 일정을 점검했다. 한국 아나키즘 운동의 대표적 인물이었던 정화암 등은 이곳에서 민단을 조직해서 한중 연합체제를 운영하고자 했다. 첸저우 민단에 관한 것인데 걱정이 앞선다. 민단편련처(民團編練處)는 중국 공산당과 직접적인 관련이 없기 때문에 사무소가 온전할 것 같지 않다. 지금까지의 경험으로는 민국 시기의 공산당 관련 사적은 그런대로 잘 보존되었지만, 그밖에 것들은 조금 소홀히 관리된 것이 사실이다. 그래도 실낱 같은 희망을 안고 숙소를 나섰다.

　정화암(1896~1983)은 전라북도 김제 출신으로 1919년 3·1운동에 참가한 이후 1921년 10월 중국 베이징으로 망명하여 독립운동에 투신하였

▲ 정화암 육성 증언 릴 테이프

▲ 정화암과 정화암 회고록

다. 1924년부터는 이회영, 신채호 등과 교류하면서 독립운동 방략에 대해 깊이 고민하였다. 특히 무력 투쟁의 방법에 의해서만 독립을 쟁취할 수 있다고 판단하고 군자금 모집에 열성을 기울였다. 이러한 가운데 독립운동의 평생 동지 백정기가 결핵으로 입원하게 되었는데, 정화암은 그의 치료비를 구하기 위해 첸저우에 오게 된 것이다. 그 과정을 그의 회고록을 통해서 보겠다.

1929년 11월 나는 첸저우에 도착하여 그들과 진지하게 방안을 논의하였다. 우선 며칠 동안은 1928년 봄에 민단에서 같이 일을 했던 관계로 그곳 동지들의 도움을 어느 정도 받을 수 있었지만 그들로부터 오래 동안의 혜택을 기대할 수는 없었다. 그러던 중 그곳 동지들의 권유에 따라 일본의 만행을 규탄하는 강연을 하기로 했다. 마침 당시의 그곳은 제남사건 후의 반일사상이 팽배하던 때라 그곳 동지들이나 주민들은 우리 민족의 반일운동의 현실, 특히 3·1독립운동과 광저우학생운동의 진상을 밝히고 그후의 민족운동 실태를 알고자 하던 때다.

정화암은 첸저우 어느 곳에서나 항일강연을 하였다. 그가 1928년 첸저우에서 민단사무처를 운영하던 경험이 그대로 표출된 것이다. 일행은 정화암의 활동무대를 그리면서 그가 운영했던 천단사무소를 찾아 나섰다.

첸저우는 아주 오래된 역사 문화도시이다. 첸저우는 푸젠성의 동남해에 위치하고 있다. 기후는 아열대에 속하기 때문에 여름에 스콜 현상이 자주 일어난다. 먼저 첸저우도서관에 도착했다. 신분증을 제시하고 한국독립운동과 민단 관련 자료를 찾았지만 쉽지 않았다. 시간이 제약되어 있기 때문에 다음 행선지인 첸저우화교역사박물관에 들렸다. 역시 신분증을 제시하고 자료를 찾았지만, 만족할 만한 자료는 찾지 못했다. 이 도서관의 점심 시간은 3시간이다. 부러울 따름이다.

문헌자료가 없을 때 가장 확실한 것은 탐문 조사이다. 특히 나이 많은 현지 지식인을 찾는 일이 급선무이다. 첸저우민단편련처는 정화암, 이정규, 이을규 등이 중국인 진망산 등과 활동했던 한중합작처였다. 따라서 이곳을 찾아내는 것은 한국독립운동의 잊혀졌던 부분을 복원하는 작업이나 마찬가지이다.

나이 많은 분들에게 첸저우민단에 대해서 문의하던 가운데, 뜻밖에도 첸저우 행정공서가 바로 우리의 숙소라는 사실을 알게 되었다. 우연치고는 기막힌 필연이 아닌가. 이성대주점, 그곳이 바로 첸저우민단 편련처 사무실이었다. 옛 모습의 형태는 사라졌지만, 많은 이들이 알고 있는 곳이다. 첸저우에서 이틀 간의 답사는 이렇게 끝나갔다.

구랑위와 이강의 악연, 샤먼 일본영사관 건물

이번 답사는 비와 동행한 답사였다. 무엇보다도 광저우는 파란 하늘을 허락하지 않았으며, 푸젠성 첸저우는 스콜의 전형을 보여주었다. 다행히 샤먼(廈門)은 화창 갠 맑은 하늘로 일행을 맞이했다.

2013년 8월 25일, 오후 2시 구랑위로 가는 선착장에 도착했다. 그야말로 인산인해였다. 왕복표를 구입한 후, 배에 오르기 위해 줄을 섰다. 2층 선상에는 한 번에 300명 이상을 태웠다. 2층에는 1위안을 주면 앉을 수 있는 공간이 마련되어 있었다. 중국인들의 상술이 돋보이는 대목이다. 5분 정도 지났을까. 배는 구랑위에 도착했다. 그곳에도 유람 온 사람들로 섬 전체가 북적거렸다. 우리가 찾아가는 곳은 독립운동가 이강이 체포되고 구금되었던 샤먼 일본영사관 감옥 건물이다.

부두에서 내리자 그야말로 인산인해였다. 수많은 인파들이 구랑위의

▲ 샤먼 일본영사관

아름다움에 취해서 카메라 셔터를 연신 눌러댄다. 일행 모두 너무 갈증
이 났는지, 누가 먼저라고 할 것 없이 야자수 음료 노점상 앞에서 나를
바라본다. '그래, 여기 와서 이 정도 호사(?)는 누릴 만하다'라고 생각하
면서 흔쾌히 80위안을 지불하고 야자수 음료를 일행에게 나누어 주었
다. 각자 하나씩 자연산 야자수를 손에 들고 시원하게 들이킨다. 그 모
습을 바라보며 10일 동안 답사했던 일행들의 노고가 조금이라도 해소
되었으면 하는 바람을 가져 본다. 우리 일행보다 훨씬 이전에 이곳을 무
대로 독립운동을 전개했던 유기석은 구랑위에 대해 다음과 같이 묘사하
였다.

산 위에는 많은 괴석이 툭 튀어나와 경치를 돋보이게 하고, 특히 아름다우
며 항구에는 옥외 대포가 설치되어 이곳이 해상 요충지임을 증명하고 있었
다. 항구는 넓고 물은 깊어서, 수천 톤의 증기선을 직접 부두에 댈 수 있었다.

(중략) 만일 하문을 구룡(九龍)에 비유한다면 구랑위는 바로 홍콩과 매우 닮았다. 비록 구랑위의 경치가 이렇게 아름다울지라도 그곳은 가난한 민중이 거주할 수 있는 곳이 못되어 절대 다수의 주민은 소위 '고급중국인' 즉 자본가와 매판계급에 속하였다.

이국땅에서 독립운동을 펼치고 있었던 유기석에게 구랑위는 그저 아름다운 섬이 아니라 제국주의 국가들의 영사관이 즐비한 '침략기관의 집결지'로 인식되었을 것이다. 영국영사관을 지나 오래된 적벽 건물이 눈에 들어왔다. 샤먼 일본영사관이다. 이곳에서 일행은 이강의 흔적을 담고자 각자 역할을 수행했다.

이강, 중국으로 망명하여 독립운동을 도모하고자 했던 의친왕의 이름이기도 하다. 하지만 샤먼 일본영사관 감옥에 투옥된 이강은 호가 오산으로 공간을 이동하면서 독립운동을 전개한 점퍼 독립운동가이다. 일행은 다시 움직였다. 곳곳에 결혼 기념사진 촬영을 위한 예비 신혼부부들도 눈에 띤다. 영국영사관 부근에 일본영사관이 있었다. 2층의 붉은 벽돌로 지어진 샤먼 일본영사관은 대지 300평 규모에 연건평 100평 정도의 건물을 포함하고 있다. 빨래가 건물 1층에 널려 있는 모습에서 지금도 주민이 살고 있다는 것을 알 수 있다. 각자 맡은 임무를 열심히 수행하느라 분주하다. 샤먼 영사관 한쪽에는

▲ 이강 체포기사

▲ 영사관 경찰서 지하감옥 표지석

이강이 체포된 후 수감되었던 샤먼 일본영사관 경찰감옥이라는 표지
석이 떡 버티고 서 있다. 얼마나 지났을까. 중국인 여학생 두 명이 우리
일행에게 다가와서 어디에서 왔냐고 묻는다. 한국에서 왔다고 하니 의
아하게 생각하는 것 같아, 이곳에 한국인 독립운동가들이 수감되었다
고 하니 어느 정도 수긍하는 것 같았다. 두 여학생은 고향이 안후이성
이라고 말하면서 우리들과 멀어졌다.

　이곳에 수감되었던 이강은 어떤 인물인가. 그는 1878년 평안남도 용
강군 봉산면 황산동에서 태어났다. 1902년 미주개발회사(美洲開發會社)
에서 모집하는 이민 프로그램에 선발되어 하와이로 건너가 1년간 영어
학교에서 영어를 배우고 이듬해 샌프란시스코로 건너갔다. 유학을 하
려다가 안창호를 만나 그의 권고로 이를 단념하고 안창호·정재관 등과

함께 1904년 교민단체로서 공립협회(共立協會)를 창설했으며, 1905년 11월에 동지들과 함께 기관지인『공립신문』을 창간하여 주필이 되었다.

1907년 초에는 안창호와 신민회를 창립하기로 하고 안창호를 먼저 귀국시킨 후, 이강도 귀국하여 양기탁(梁起鐸)을 중심으로 국내 동지들과 함께 1907년 4월 국권회복을 위한 비밀결사로서 신민회를 창립하였다. 이강은 몇 달 후에 러시아 블라디보스토크로 가서 신민회 블라디보스톡 지회를 설치하였다. 1909년 2월에 신민회의 합법적 외곽단체로서 미주에서 종래의 공립협회를 확대 개편하여 재미주 대한인국민회(Korean National Association)가 조직되자, 이에 보조를 맞추어 정재관 등과 함께 재로대한인국민회(在露大韓人國民會)를 조직하여 각 지방과 지회를 설치하고 독립사상을 고취시켰다. 또한 그는 블라디보스토크에서 동지들과 함께『해조신문』을 창간하여 편집 논설기자로 활동했으며, 이 신문이『대동공보』로 이름을 고친 후에도 편집책임을 맡았다. 1909년 10월, 이토 히로부미(伊藤博文) 처단계획이 대동공보사에서 수립될 때 참석하였으며, 안중근이 이등박문 포살의 특공대로 하얼빈에 나갔을 때 안중근과 대동공보사 사이의 연락을 담당하였다. 안중근의 의거가 성공한 후에는 안중근 의사를 위한 영국인 변호사를 구하기 위하여 베이징에 파견되어 활동하였다.

『대동공보』가 일본영사관의 압력으로 정간 당하자 시베리아의 치타로 가서 다시『정교보』라는 신문을 발행하여 독립사상을 고취하는 데 힘썼다. 1919년 9월에 노령에서 파견한 강우규(姜宇奎) 의사가 사이토 조선총독에게 폭탄을 투척한 사건이 일어나자 그 연루자로 지목되어 일본경찰에 체포, 서울로 압송되어 약 50일간 구금되었다. 1919년 말에 석방되자 바로 상하이로 탈출하여 안창호를 만나서 임시정부에 참여하였다. 의정원 부의장과 의장을 역임했으며 흥사단(興士團)운동에 진력하여 흥사단 원동지방위원회(興士團遠東地方委員會)를 설치하였다.

일제의 세력이 장강(長江) 일대에까지 뻗치게 되자, 그는 상하이를 떠나 남중국 방면으로 갔다. 1927년경부터 푸젠성 샤먼의 안창호의 흥사단계통 정재형이 차린 가게로 인삼과 홍삼을 팔고 있었으며, 독립운동가들의 연락장소 역할도 하였던 태백산 상회에 머물고 있었다. 이강은 당시 임정의 부의장직에 있었지만 생활이 너무 어려워 인삼을 몇 근 구해 팔고 있었다. 1928년에 샤먼에서 강연을 하다가 이곳 태백산 상회를 타이완 사람에게 시켜 습격하게 한 일제경찰에 납치되어 샤먼 일본영

▲ 이강 활동지

사관 감옥에서 수감되었다.

우리는 이강이 수감되었던 샤먼 일본영사관을 조사하고 다시 선착장으로 갔다. 시간은 벌써 6시 가까이 되었다. 일본영사관 촬영과 구랑위의 풍경에 취하여 시간 가는 줄 몰랐다. 다시 배를 타고 샤먼 시내로 돌아왔다. 내일을 기약하면서 샤먼에서의 후덥지근한 밤은 그렇게 깊어갔다.

태백산 상회, 인삼으로
독립자금을 내다

다음날 평소보다 조금 늦은 9시경부터 이강이 활동했던 태백산 상회의 흔적을 찾아 나섰다. 샤먼을 비롯해 타이완 등에는 태백산 상회처럼 인삼을 취급하여 독립운동 자금을 공급했던 상점들이 존재했다. 자신들보다는 조국의 독립을 위한 '상인독립군' 등이 도처에 있었다. 우리는 샤먼의 오래된 거리를 찾았다. 중산로가 바로 그곳이다. 100년 전 건물들로 즐비한 중산로에서 태백산 상회를 아는 이를 찾기란 '한강변에서 바늘 찾기'와 같았다. 주로 나이 많은 중국인들을 탐문대상으로 삼았지만 허사였다. 다만 예전 상업가이며 화교은행 터를 알려주는 분들이 있지만 별 도움이 되지 않았다. 조원기 연구원은 날씨가 너무 덥다며 광저우의 더위는 아무것도 아니란다. 그는 연신 땀을 닦는다. 큰 성과없이 이강의 활동지를 찾지 못한 일행은 지친 몸을 이끌고 그늘로 잠시 자리를 옮겼다. 오늘 답사의 방향성에 문제가 있음을 직시하고 다시 탐문하였지만 몸만 고될 뿐 별다른 성과를 거두지 못했다. 샤먼에서의 한 국독립운동사적지 찾기는 이렇게 막을 내리고 있었다. 좀더 철저하게, 아 니 좁은 지역을 세밀하게 조사하는 방향으로 사적지 조사도 변모해야 할 것 같다.

03

후난성과 후베이성, 안후이성을 가다

대한민국임시정부
(창사) 활동 구지
大韓民國臨時政府(長沙)活动旧址

후난성, 임시정부의
흔적을 찾다

다시 시안으로,
그리고 후난성 창사로

2014년 8월 24일 아침 7시, 이번 답사단의 구성원들이 인천공항 B카운트에 모두 모였다. 총 4인으로 이루어진 답사단에는 국가보훈처 주무관도 동행하였다. 바람직한 일이다. 직접 눈으로 보고 실천으로 옮기는 일이 가장 정확하며 또한 독립운동 현장과 마찬가지인 사적지를 대하는 태도 역시 감동적일 수밖에 없다.

11시 40분 비행기는 시안 시엔안 국제공항에 사뿐히 안착했다. 두곡진은 2년 만에 다시 찾았다. 2년 전과 마찬가지로 공항에는 이선자 부관장이 밝은 얼굴로 일행을 맞아 주었다.

이번 실태조사의 첫 번째 여정은 2014년 5월 29일 시안 두곡진에 세워진 한국광복군 제2지대 기념비정의 촬영이었다. 기념비정은 항상 개방되어 있지 않아 방문객이 올 때마다 두곡진 관리인이 직접 열쇠를 들고 와서 대문을 열어주고 있었다. 불만에 찬 관람객들의 목소리가 들려오는 듯했다. 어찌 첫술에 배부르겠는가? 잘 정돈된 기념비정이라도 함께 공유할 수 있다는 사실만으로 아쉬움을 달랬다. 답사단은 두곡진에서의 촬영을 마치고 시안시내로 이동했고, 다음날 바로 창사로 이동했다.

시안에서 창사까지는 비행기로 약 1시간 30분 정도 소요되었고, 오후 6시 30분경에 숙소에 도착했다.

▲ 시안 한국광복군 제2지대 기념비

약간 후덥지근한 날씨였다. 간단한 식사를 마치고 이번 창사지역 답사의 첫 사적지인 조선혁명당 구지를 비롯해서 다른 사적지 조사에 대한 사전 협의를 마치고 다음날을 위해 일찍 잠을 청했다.

남목청에 얽힌 슬픈 역사

날이 밝아오고 아침 해가 뜨거워지기 전에 조선혁명당 구지, 현재는 창사 임시정부활동구지 진열관으로 거듭난 곳을 찾았다. 남목청을 찾아가는 길은 미로였다. 옛 창사의 흔적이 시간을 머금고 그대로 멈춰진 느낌의 골목이다. 남목청에 다다르니 일찍 출근한 관리 책임자 탕민징(唐民景)이 답사단을 반갑게 맞아 주었다. 독립기념관에서 초청 교육

을 받은 인지아
니(尹佳旎)와 공지
아(龔佳)도 함께
밝은 미소로 우
리들을 맞았다.
흔히 '남목청(楠木
聽)'으로 불린 창
사임시정부활동

▲ 대한민국임시정부(창사) 활동구지 전경

구지는 2009년 조선혁명당 본부 건물을 해체하여 복원한 곳이다.

창사 남목청에는 슬픈 사연이 묻어 있다. 이것을 아는지 모르는지 많
은 한국 관광객들이 이곳을 들렀다 간다. 이곳은 1938년 초 지청천(이청
천)을 중심으로 한 조선혁명당이 본부로 사용했던 곳이자 임시정부 요
인과 그 가족들의 거주지이다. 2층에는 조경한과 현익철이, 아래층에는
지청천·김학규·강홍대 등이 살았다. 1938년 5월 7일 백범 김구가 3당
통합회의 도중 피격당한 이른바 '남목청 사건'이 일어난 곳이다.

1937년 중일전쟁이 일어나자 독립운동 진영에서는 이를 민족해방과
조국광복의 기회로 판단하였다. 이에 우파계열에서는 독립을 위해 통
합과 단결을 외치며 협동전선운동을 계획해 단체의 통합을 이루고자
하였다. 김구가 이끄는 한국국민당과 조소앙의 재건한국독립당, 지청
천의 조선혁명당의 합당이 그것이다. 이 3당의 합당은 김구의 한국국
민당이 중심이 되었다. 당시 민족혁명당을 탈당한 지청천 계열은 조선
혁명당을 창당하여 독자노선을 모색하고 있었고, 조소앙 등의 재건한

독당도 활발한 활동은 전개하지 못하고 있었다. 조선혁명당과 재건한 독당은 재정여건이 열악하여 김구의 지원이 필요하였고, 김구 역시 이들과의 연합을 통해서 독립운동 세력을 응집할 필요가 있었다.

1937년 초 남경에서는 이들 각 당의 대표인 송병조·홍진·지청천의 회담이 개최되었다. 이들은 공동선언서를 발표하여 임시정부를 옹호하고 강화하는 데 합의하였다. 이들은 미주지역의 단체들에게 지원을 요청하였고, 이로써 한국광복운동단체연합회(광복진선)가 결성되었다.

이러한 연합으로 각 단체의 재편이 논의되면서 마찰이 일어났다. 조선혁명당의 강창제·박창세·이규환 등은 이러한 논의에서 소외감을 느꼈던 것이다. 이에 이들은 이운한을 이용하여 김구·현익철·유동열·지청천 등에게 총을 발사하는 이른바 '남목청 사건'을 일으켰다. 당시 광복진선은 중일전쟁으로 일제가 남경을 점령하자 창사로 이동을 하게 되었다. 지청천을 중심으로 한 조선혁명당은 창사의 남목청을 본부로 정하였고, 여기에서 3당(조선혁명당, 한국국민당, 한국독립당)을 합당하는 회의를 하고 있었

다. 이 회의장에 조선혁명당 간부 출신인 이운한이 난입하여 총을 발사한 것이다. 첫 발에 김구를 시작으로, 현익철·

▲ 창사 대한민국임시정부 활동 구지

유동열·지청천이 각각 피격되었다. 현익철은 이 피격으로 즉사하였다. 중국 경찰은 범인이 이운한임을 확인하고 체포하였다. 배후 인물이 박창세와 강창제라는 사실도 밝혀냈으며, 이에 대해 김구는 『백범일지』에 두 명이 이운한을 이용한 것 같다고 기록하였다. 슬픈 이야기지만 이것 역시 대한민국임시정부 역사의 한 페이지이다. 최근에는 이 사건에 일제의 밀정이 깊숙히 개입한 것으로 드러났다. 이때 부상당한 김구는 곧바로 상아의원으로 이송되었다.

▲ 김구

▲ 지청천

▲ 유동열

2009년 개관 이래 해마다 7만~8만명 정도의 한국인이 꾸준히 이곳을 찾고 있다. 한국 관광객들이 장가계(張家界)를 가기 위해서는 대부분 창사 공항을 경유하기 때문에 이곳 여행사와 지방 관청에서 필수 코스의 하나로 '남목청'을 선정해서 운영하고 있다. 어쩌면 한국 독립운동사적지가 중국인들이 돈벌이 수단으로 이용되고 있다는 비난도 받을 수 있다. 하지만 잊혀진 공간을 찾지 않는다면 시간의 역사 역시 우리에게서 멀어질 수 있기 때문에 그 비용이 그리 크게 느껴지지는 않는다.

▲ 현익철

비디오 촬영을 하고 있는 조성진 연구원이 "선생님, 전시내용에 오류가 있네요"라고 한다. 찬찬히 들여다 보니 한글 표기법 등에서 낯선 표현들이 많다. 탕 주임에게 전시 내용에 대해서 그동안 수차례 이야기 했는데 이번에는 아주 긍정적인 답변이 왔다. 우리에게는 광복 70주년이자 그들에게는 승전 70주년이 되는 2015년에 전시내용을 전면 교체한다고 한다. 그러면서 국가보훈처와 독립기념관을 비롯한 한국관계기관의 많은 관심을 부탁하였다. 그리고 한 마디 덧붙

▲ 남목청 진열관 내부

인다. "진티엔 워먼 이치 츠판바?"(오늘 저녁 함께 식사 가능하지요?). 고맙다. 창사를 방문할 때마다 공동의 관심사를 통해 미래를 설계한다는 취지의 말을 하곤 하는데, 어쩌면 상당 부분이 식사 시간에 이루어지는 것 같다. '알았다'는 답변을 하고 백범 김구가 피를 흘리면서 이동한 창사 상아의원으로 향했다.

▲ 현 상아의원

백범이 치료받은 상아의원

답사단이 도착한 상아의원은 지금도 후난대학 병원으로 사용하고 있다. 하지만 백범이 수술을 받았던 건물은 한창 내부수리를 하고 있는 중이었다.

남목청에서 자동차에 실려 상아의원에 도착한 후 의사가 나를 진단해 보고는 가망이 없다고 선언하여, 입원 수속도 할 필요없이 문간에서 명이 다하기를 기다릴 뿐이었다. 그러다가 한두 시간 내지 세 시간 내 목숨이 연장되는 것을 본 의사는 네 시간 동안만 생명이 연장되면 방법이 있을 듯하다고 하다가 급기야 우등병실에 입원시켜 치료에 착수하였던 것이다.

『백범일지』에 나오는 대목이다. 심지어 안중근의 셋째 동생 안공근은 백범의 피살 소식을 듣고 장례식에 참석하기 위해 백범의 큰 아들이 김인과 함께 창사로 돌아오기까지 했다. 백범의 어머니는 자신의 아들이 사경을 헤매었다는 소식을 듣고도 의연하게 대처하는 모습을 보이기도 했다.

상아의원 촬영을 마친 일행은 후난농업대학에서 중국의 육종학을 위해 헌신한 한국독립운동가

▲ 옛 상아의원(1915년)

유자명의 아들 유전휘를 만나기 위해 길을 재촉했다. 이선자 부관장이 예약한 후난성의 정통 음식점에 가니 유전휘(柳展輝) 부부와 그의 딸이 일행을 반갑게 맞아 주었다. 놀랍게도 유전휘 딸은 우리말을 능숙하게 했다. 한국에서 유학한 덕분이라고 한다. 유전휘 교수는 아버지의 나라에서 온 손님들에게 부친 관련 사적지를 내일 함께 봤으면 한다는 의견을 조심스럽게 드러냈다. 일행은 이번 답사에 유자명 선생 관련 사적지가 있으니 걱정하지 말라고 하면서 내일을 기약하고 매운 후난성 요리(湘菜, 샹차이)를 깔끔하게 비웠다. 사실 쓰촨성 요리는 한국인들에게는 매우 맛으로 기억되지만 정작 매운 맛은 다름 아닌 후난성 요리이다. 쓰촨성 요리, 즉 촨차이는 약간 마비되는 느낌을 준다.

유자명이 몸담았던 후난
농업대학을 찾다

2014년 8월 27일 아침 8시, 숙소를 나와 유자명 선생이 말년을 보냈던 후난농업대학으로 향했다. 후난농업대학 앞에는 벌써 유전휘 교수가 마중나와 있었다. 유전휘는 지금 후난농업대학 관계자들이 기다리고 있다고 하면서 일행을 대외협력처 회의실로 안내했다. 정각 9시, 한국의 답사단 4명을 비롯하여 중국 측에서는 타오동차이 통전부장, 양즈지엔 국제교류합작처장 등 5명과 유전휘 교수, 이선자 충칭임시정부청사 부관장 등 11명이 간략한 좌담회를 가졌다. 이 자리에서는 유자명 선생 전시관을 보다 확장해서 후대의 귀감으로 삼겠다는 후난농업대학

관계자의 굳은 의지를 엿볼 수 있는 의미있는 대화가 오갔다.

일행은 유전휘 선생의 안내로 유자명 선생 전시관으로 향했다. 2013년, 유자명의 제자들이 성금을 모아 후난대학 근무 당시 거주했던 집에 전시관을 만들었는데 총 5개의 부분으로 전시물이 구성되어 있었다. 창사시 문물보호단위로 등록되었음을 알리는 표지석이 일행을 맞아 준다.

일행과 걸으면서 유전휘는 자신의 아버지에 대한 활동은 다음과 같

▲ 유자명 전시관 내부

▲ 유자명 전시관

이 이야기 했다. 물론 부친에게 들은 이야기이지만 경청할 만했다. 1930년 후반 유자명의 활동은 주로 재중국 한인혁명세력의 통일운동에 모아졌다. 당시 난징에서는 김원봉의 조선민족혁명당과 김규광의 해방동맹, 최창익의 전위동맹 등이 각 조직의 통일을 실현하기 위하여 노력한 결과 1937년 조선민족전선연맹을 결성하였다. 이 단체에는 상기한 3개 단체 외에 유자명의 조선무정부주의자연맹이 참가하였다. 이후 한커우(漢口)로 이동하여 일본조계지에 거처를 정하고 활동하였는데 김원봉·박정애·김성숙·두군혜·최창익·허정숙·이춘암·이영준·문정일

등이 활약하였다. 유자명은 1944년 4월
임시정부 제5차 개헌에 앞서 조소앙 등과
7인 헌법기초위원을 맡아 일하였는데, 이
때를 제외하고는 표면에 나서서 활동하기
보다 작전의 배후 참로로서의 역할을 하
였다. 해방 후 유자명은 1950년 귀국을 결
심하였으나 6·25전쟁으로 말미암아 조국

▲ 유자명 전시관 표지석

으로 돌아가지 못하였다. 이에 중국의 후난대학에서 교수생활을 하면서
농학자의 길을 걷게 되었다고 했다. 유전휘는 자신이 바로 중국에 있게
된 동기임을 재차 강조했다.

　전시관을 둘러보고 일행은 후난농업대학 내에 설치된 유자명 동상을
촬영하기 위해 발걸음을 옮겼다. 이 동상도 2013년에 세워졌다. 후난농
업대학 제2교학관과 제3교학관 사이의 공터에 세워진 동상에는 "한국
의 국제적 전우이며, 충청북도 충주에
서 태어난 후난농업대학 교수이고 저명
한 원예학자이자 독립운동가"라고 새
겨져 있다. 다만 충주는 중주라고 잘못
각자되어 있다. 타국에서 농업인으로
후반생을 마감했던 위대한 국제적 인물
유자명은 그렇게 후난농업대학에서 생
명력을 유지하고 있었다.

　시간은 벌써 11시를 넘고 있었다. 유

▲ 후난농업대학 유자명 동상

전휘 교수가 후난농업대학교에서 한국인 방문단에게 조촐한 점심 식사를 함께 하고 싶다는 의견을 전해왔다. 일행은 흔쾌히 응했다. 학교 내 구내 식당에 마련된 자리에는 아주 특별한 포도주가 있었다. 바로 유자명 선생이 개발한 포도를 가지고 만든 포도주라고 한다. 간단한 시음과 함께 한중우호가 이곳에서도 강하게 싹트고 있음을 다시한번 느끼면서 일행은 다음 조사 목적지인 한중호조사로 향했다.

한중호조사,
항일을 합작하다.

　　　　　　　　다음으로 창사 한중호조사(韓中互助社)로 발길을 돌렸다. 창사시 중산로에 위치한 한중호조사 터는 예전 후난 자수대학 교실로 사용된 선산학사라고 한다. 이에 대해서는 좀더 많은 자료의 고증이 필요하다.

　1921년 3월 26일자 『독립신문』에는 임시정부 외교부로부터 한국독립운동의 선전 임무를 담당하고 있던 황영희가 창사시 관민들과 함께 한중호조사를 만들었다는 사실을 크게 보도되었다. 이뿐만 아니라 『신한민보』 1921년 5월 19일자 기사에는 창사시에 한중호조사가 조직되었다는 것을 크게 알렸다.

　창사 한중호조사는 모택동이 참여하고 발족하였고, 가장 일찍 설립된 호조사로서 다른 호조사의 모범이 되었다. 창사 한중호조사는 1921년 3월 17일(실제로는 3월 14일)에 설립되었으며, 설립대회에서 명칭·취지·입사조건·조직구도·경비 출처 등의 내용을 포함한 '호조사 약칙'을 통과시켰다. 창사 한중호조사는 "한중 양국 국민간의 감정을 깊이하고 양국 국민의 사업을 발전"하는 것을 취지로 하였으며, "한중 양국 국민으로서 남녀, 종교를 막론하고 본사의 취지에 동의하며, 2명 이상의 회원들의 소개가 있으면 바로 가입할 수 있다"라고 규정하였다. 창사 한중호조사의 활동은 양국 국민의 상호이해를 증진시키고, 서로가 단결하여 제국주의에 반대하고 특히 일본제국주의에 대해 투쟁하는 업무를 전개하고, 일정한 사회적 토대와 사상적 토대를 닦는 데 기여했던 것이다. 그러나 한중호조사는 계획대로 목표를 달성하지는 못했다. 한국 선전의 목적은 반일독립운동을 위한 것이고 이를 위해 후난성에서는 망국의 아픔을 강연하고 반일주의를 선전하며 반일 선전내용을 게

▲ 창사 한중호조사 결성 추정지

▲ 선산학사

재한 신문이나 잡지를 배포하였다. 한국독립운동에 대한 중국인들의
지지와 지원을 얻어서 함께 일본에 대항하려던 것이었다. 그러나 당시
중국 측 인사들은 사상운동에 더욱 비중을 두고 있었다. 이들은 새로운
사상의 전파를 통해 민중을 일으키는 것을 중시하고 있었다. 한국독립
운동의 정신을 배우는 동시에 한국 지사들의 항일투쟁에 동정과 지지
를 표하였던 것이다. 이렇듯 양국의 지도자들의 행동과 사상에는 일정
한 차이가 존재하였다. 그럼에도 이러한 교류가 지속되고 우호관계를
유지하면서 양국의 입장은 점차 적극적인 항일로 입장이 일치하게 되
었다. 중국국민정부에서 한국독립운동을 인적·물적으로 지원하는 발
판이 되었던 것이다.

창사의 뿌연 날씨를 등에 업고 일행은 선산학사를 방문하였다. 후난
자수대학 구지, 창사시문물고고연구소 현판이 왼쪽에 붙어 있는 정문
을 지나 선산학사로 향했다. 내부에는 이곳이 학교 건물의 일부였음을
알 수 있는 것 외에 창사한중호조사의 구지라는 사실을 알리는 동판이
나 표지석은 찾을 수 없었다. 아쉬움을 뒤로 하고, 다음 목적지인 서원
북리를 지도에서 찾았다.

아직도 찾지 못한 창사
대한민국임시정부 청사 터

1937년 중일전쟁 이후, 중국 국민정부의 수도인 난징은 더 이상 안전하지 않았다. 난징과 전장(鎭江)을 오가면서 독립운동을 전개하던 임시정부는 후난성 창사로 그 청사를 옮기게 되었다. 백범 김구는 『백범일지』에서 임시정부가 창사로 옮기게 된 이유와 그 당시 생활을 다음과 같이 설명했다.

100여 명의 남녀노유와 청년을 이끌고 사람과 땅이 생소한 후난성 창사에 간 이유는, 단지 다수 식구를 가진 처지에 이곳이 곡식값이 극히 싼 곳인데다, 장래 홍콩을 통하여 해외와 통신을 계속할 계획 때문이었다. 창사에 선발대를 보내놓고 안심하지 못하였으나 뒤미처 창사에 도착하자 천우신조로 이전부터 친한 장치중(張治中) 장군이 후난성 주석으로 취임하여, 만사가 순탄하였고 신변도 잘 보호받았다. 우리의 선전 등 공작도 유력하게 진전되었고, 경제방면으로는 이미 남경에서부터 중국 중앙에서 주는 매월 다소의 보조와 그 외 미국 한인교포의 원조도 있었다. 또한 물가가 싼 탓으로 다수 식구의 생활이 고등난민의 자격을 보유케 되었다. 내가 본국을 떠나 상하이에 도착한 후 우리 사람을 만나 초면에 인사할 때 외에는 본성명을 내놓고 인사를 못하고 매번 변성명 생활을 계속하였으나, 창사에 도착한 후로는 기탄없이 김구로 행세하였다.

창사에 임시정부가 체류한 기간은 대략 1937년 12월부터 다음해 7월까지로 잡고 있다. 임시정부는 백범 김구가 자신의 본명을 밝힐 정도로

▲ 서원북리(西園北里) 입구

대외적인 활동을 활발하게 전개하였다. 정정화의 『장강일기』에는 그의 가족이 창사에 합류한 시점을 1938년 2월로 기록하고 있는데, 이는 임시정부 관계자들이 전장에서 창사로 한번에 이동한 것이 아니라 선발대, 본진, 후발대로 나누어 이동했기 때문이다.

일행은 임시정부 청사가 자리잡았던 창사시 개복구 서원북리로 향했다. 남목청에서 그리 멀지 않은 곳에 위치한 서원북리는 옛 모습을 간직한 집들이 간혹 보였다. 2002년 독립기념관 답사단이 조사할 당시 서원북리 6호라고 비정했던 임시정부 청사는 현재로서는 정확한 대한민국임시정부 청사라고 할 수 없다. 문헌자료나 회고록 등에도 보이지 않고 현지 주민들도 이를 기억하는 사람들이 거의 없다. 다만 광복군 신순호 여사의 증언에 따르면 당시 건물은 여러 가족들이 거주할 만큼 규모가 컸으며, 8호 2층을 임시정부 청사로 사용했고, 16호는 청년공작대 사무실로 사

▼ 서원북리(西園北里) 거리 전경

용했다고 하였다. 하지만 현지 전문가들은 신순호 여사의 증언에 의문을 제시하였으며, 아직까지 이렇다할 만한 진전을 보지 못하고 있다. 그러다 보니 기념판 또는 동판 부착은 엄두도 못내고 있는 실정이다.

임공재 학예사는 서원북리 전체를 촬영하느라 여념이 없다. 입구에는 선명한 서원북리가 일행을 이끌었다. 골목으로 들어가서 나이 많은 사람들을 대상으로 임시정부청사의 위치를 탐문했지만 돌아오는 대답은 이곳이 예전에 한국인이 있었다는 것뿐이었다. 이곳 골목 입구에 동판을 부착하는 것이 좋겠다는 의견만을 개진한 채, 일행은 발길을 돌려 우한으로 향했다.

▲ 서원북리 대한민국임시정부청사 옛터 추정지

후베이성 우한을 가다

조선의용대 탄생지

후난성 창사 일정을 마무리한 일행은 다음날 아침 창사 남역에서 우한(武漢)까지 가는 고속열차에 올랐다. 350킬로미터의 속력으로 달리는 고속열차는 한 시간 반만에 후베이성의 수부인 우한에 일행을

▲ 조선의용대 창설기념식

무사히 안착시켰다. 우창·한커우·한양을 합쳐서 부른 우한은 중국인들에게 3대 화로로 알려져 있다. 무더운 여름 중국을 대표하는 더위의 종결자들인 충칭·난징·우한이 바로 그곳이다. 그래서 중국의 다른 지역에서 더위를 함부로 이야기하지 못한다.

이번 우한 답사는 조선의용대 성립 경축 장소와 창설 장소를 찾는데 집중했다. 몇 해 전 영화 암살의 주인공들은 의열단원들이며, 이들이 성장해서 조직한 군대가 바로 조선의용대이다. 중국 국민정부의 적극적인 지원으로 성립된 조선의용대는 중국이 공식적으로 인정한 한국 독립군 군대였다. 일행은 재빨리 짐을 내려 충칭의 이선자 부관장이 미리 예약한 승합차로 향했다. 선하게 생긴 중국인 기사가 반갑게 맞아준다. 차는 우한 답사의 첫 번째 목적지인 여황피로의 조선의용대 경축 장소로 향했다.

1937년 7월 7일, 중일전쟁이 발발하면서 독립운동가들은 이때를 한국이 독립할 수 있는 절호의 기회로 인식하였다. 이에 따라 독자적으로 활동하고 있던 각 단체들 사이에 연합전선 문제가 대두되었다. 결국에는 민족진영의 한국광복운동단체엽합회와 사회주의 성향의 조선민족전선이 형성되었다. 그중 한커우에서 결성된 민족전선은 무장부대의 조직과 대일항전에의 참여를 목표로 하였다. 민족전선은 1938년 7월 중앙군사학교 성자분교 졸업생들이 민족전선 본부가 있는 한커우로 합류해오면서 본격적으로 무장부대 조직에 착수하였다. 1938년 7월 7일, 중국군사위원회에 조선의용군의 조직을 정식으로 건의하였다. 이 제안은 장개석의 재가를 거쳐 모든 항일세력의 연합을 전제로 하고, 무

▲ 조선의용대 결성 경축 장소

장부대를 규모상의 문제로 '군(軍)'보다는 '대(隊)'로 할 것과 조직될 무
장부대를 군사위원회 정치부 관할에 둔다는 조건으로 승인되었다.

　1938년 10월 2일, 한국 및 중국 양측 대표들은 회의를 개최하여 조선
의용대 지도위원회를 조직하였다. 이 지도위원회는 군의 명칭, 조직 인
선, 편제, 활동경비 등을 결정하였으며, 건립 후에는 의용대를 지도하
는 기구로 작용하였다. 지도위원회 위원으로 중국 군사위원회 정치부
측 인원 4명과 민족전선 산하 단체의 대표 김원봉·김성숙·김학무·유자
명 등 4명이 선정되었다. 이러한 결과, 민족전선은 1938년 10월 10일 한
커우에서 일본군에 맞서 싸울 군사조직으로 조선의용대를 조직하였다.
조선의용대는 1942년 한국광복군에 편입될 때까지 중국군 '6개 전구
남북 13개 성 전지'에 배속되어, 주로 일본군 포로를 심문하고, 대일본
군 반전을 선전하고, 대중국민 항전을 선전하는 활동을 전개하였다. 조
선의용대가 발대식 기념일로 10월 10일을 택한 것은 중국의 신해혁명
기념일(쌍십절)이라는 의미를 함께 하려는 것이었다.

　이에 관한 자료가 서류로 전해지는 것은 없다. 발대식에서 찍은 기

념사진에는 'ㅈㅗㅅㅓㄴㅇㅣㅛㅇㄷㅐ'라는 한글자모와 영문으로 'KOREAN VOLUNTEERS(조선의용대)'라고 씌어진 대기(隊旗)와 그 뒤에 서있는 대장 김원봉의 모습이 보인다. 사진 속의 인물은 90명으로, 군복을 입은 대원이 74명이고, 양복 또는 중산복(中山服)을 입은 자가 14명이다. 긴치마를 입은 여성 2명이 눈에 띤다. 대원이었던 김학철(金學鐵)선생의 회고에 의하면, 이 사진은 1/4 정도가 잘려나간 까닭에 대원 30여 명의 모습이 누락되었다고 한다. 대장 김원봉을 중심으로 맨 앞줄 왼쪽에 이집중(李集中)·윤세주·김성숙·최창익 등 10명이 나란히 섰다.

발대식에는 조선의용대 결성에 직접 관여한 정치부 부장 진성(陳誠)과 비서장 하충한(賀衷寒)은 물론, 조선의용대 창설에 특수공헌을 한 왕범생(王凡生)·아오야마(靑山和夫) 같은 인물들도 당연히 참석했을 것으로 추정된다. 정치부 부부장 주은래(周恩來)와 정치부 제3청 청장 곽말약(郭沫若)도 발대식에 참석하여 연설을 하였다고 한다. 조선의용대는 중국국민정부 군사위원회 정치부에 예속되어, 중국항일전쟁의 수요에 따라 활동하였다. 대원들은 국민혁명군 복장을 차려입고, 왼쪽 앞가슴에 장방형 휘장을 부착하였다. 휘장 가운데에는 한글·한문·영문으로

▲ 조선의용대 결성 경축 장소 거리 표지석

'조선의용대'라고 쓰여 있었고, 휘장의 왼쪽에는 이름, 오른쪽에는 직함이 새겨져 있었다.

조선의용대가 창립된 지 3일 후인 10월 13일 저녁, 한커우(漢口) 기독교청년회 강당에서 조선의용대 창설을 경축하기 위한 오락대회가 개최되었다. 7백여 명의 관중이 참석하였고, 「민족해방가」, 「자유의 빛」, 「아리랑」을 비롯한 노래와 「쇠」, 「두만강변」 등의 연극이 공연되었다. 한커우기독교청년회는(한커우YMCA)는 1912년에 결성되었고, 1920년대에 한커우의 삼교가에 있었다. 후베이성 당안관의 「우한시 교회 개황」에 따르면 한커우에 위치한 기독교 청년회 중 남청년회가 여황피로(黎黃陂路)에 위치하고 있었다고 기재되어 있다.

1938년 우한시 지도와 우한시 기독교 청년회에서 편찬한 「1911-2011 YMCA 우한기독교 청년회 역사회고」를 보면 1938년 한커우기독교청년회의 위치는 지금의 여황피로와 중산대도 1090호가 교차하는 '적승명패세계(廸昇名牌世界)'라는 백화점 건물임을 알 수 있다. 즉, '적승명패세계'라는 백화점 건물이 당시 조선의용대 성립 선전을 위한 유예대회를 개최한 장소임을 입증해준다. 1938년 10월 14일 『신화일보』에서 조선의용대 성립 소식 및 김원봉의 연설과 유예대회에서 연출한 내용을 자세히 보도하였다. 조선의용대가 한커우(漢口)의 YMCA에서 창립식을 가졌다고 해서 현재 한커우의 여황피로 10호에 자리를 잡은 기독교청년회(YMCA)와 관계가 있는 것은 아니다. 현재의 기독교청년회 건물은 본래 미국해군청년회가 있던 자리인데, 한커우기독교청년회가 1945년 이후에 그 자리로 옮긴 것이다.

일행이 여황피로를 찾았을 때는 오후로 막 접어들고 있었다. 날은 뜨거웠다. 여황피로는 옛 건물들이 많아 이른바 '가두박물관'으로도 불린다. 조선의용대 경축 장소를 찾았다는 희열도 잠시, 일행은 이곳에 조선의용대의 '기록의 역사'가 없음을 확인하고 시무룩해졌다. 좌표 30.53634N, 114.30341E. 공간을 확보하지 못하면 '시간의 역사'도 온전할 수 없다는 작은 진리를 가슴에 안고 우한 국민정부 청사를 찾아나섰다.

우한 국민정부 청사에서
흐릿해진 역사를 만나다

우한(武漢)의 8월은 정말 무덥다. 차는 연강대가(沿江大街)를 따라 북쪽으로 달려 우한 국민정부청사로 향했다. 강안구 중산대로에 들어서자, 마치 1920~30년대 공간에 온 듯한 착각이 들었다. 중산대로를 가로질러 남과 북으로 영국·프랑스·독일 등의 조계지 건물들은 지금도 옛 모습을 간직한 채 도열해 있었다.

서양식 5층 건물의 위용을 자랑하고 있는 우한 국민정부청사 벽면에는 '우한혁명정부구지(武漢革命政府旧址)'라는 오석 표지판이 부착되어 있다. 입구에 들어서자 의아했다. 과연 이곳이 청사 건물이 맞나 싶었다. 1층 양쪽에는 커피숍과 상점이 들어서 있으며, 실질적으로는 호텔 대화반점(大華飯店)으로 사용되고 있었다. 호텔 로비를 지나 엘리베이터를 타고 3층으로 올라가자, 비로소 작은 전시실이 우리를 반겼다. 1926

▲ 우한 국민정부청사 구지

년 국민혁명군 정부는 광저우(廣州)에서 이곳으로 근거지를 옮겼다. 북벌과 함께 단행된 조처였다. 북벌에는 한인들의 역할도 있었다. 1926년 우창(武昌)을 공격한 국민혁명군 제4군에는 헤이그 특사 이준의 아들 이용이 있었고, 제6군에는 한인 간부 포병영 영장 이검운·부영장 권준·부관 안동만이 대표적인 참가 인물이었다. 이들은 황포군관학교 졸업생으로, 북벌이 시작되면서 장교로 참전했다. 이 가운데 권준은 의열단 단원으로서 국공합작 초기부터 중국혁명에 참가한 인물이었다. 국민정부는 1927년 3월 10일부터 17일까지 이곳에서 국민당 제2기 3차 전체 회의를 개최하여 반제국, 반봉건 투쟁을 지속적으로 전개하자고 결의하였다. 국공합작과 북벌의 상징이었던 국민정부청사는 제대로 대접받지 못한 사적지의 전형을 보여주는 것 같았다. 건물 외형의 웅장함과는 달리 내부의 전시실은 호텔이 주인이고, 국민정부 시절의 역사가 손님처럼 변해 있었다. 그나마 이곳이 1996년 중국 중점문물단위로 지정·

▲ 우한 국민혁명군 팔로군 판사처

▲ 우한 국민혁명군 팔로군 판사처 입구

관리되고 있다는 사실에 위안을 삼았다. 청사를 뒤로 하고 우리는 중국
의 인민예술가이자 한국의 독립운동가인, 화가 한낙연이 활동했던 우
한 국민혁명군 팔로군 판사처(辦事處)를 찾아 나섰다.

중국의 미술가이자
한국독립운동가 한낙연

　　　　　　　무더위를 뚫고 찾은 우한 국민혁명군 팔로군 판사처.
오후 4시가 지났는데도 더위는 좀처럼 수그러들지 않았다. 중산대로에서
좀 떨어진 장춘가 57호 옆 공터에 차를 세웠다. 어깨에 작은 사다리를 걸
친 조성진 연구원은 사우나 같
은 더위에 연신 땀을 흘렸다. 임
공재 사진작가는 온몸에 촬영
장비를 두르고 있었다. 이선자
부관장은 우한 국민혁명군 팔
로군 판사처를 찾아 담당자에
게 우리가 이곳을 조사하는 이
유에 대해 설명했다. 이곳 판사

▲ 지린성 용정시에 조성된 낙연공원

처는 한국에서 처음으로 조사를 나온 사적지로, 걸출한 한인 독립운동가
이자 화가였던 한낙연이 활동했던 곳임을 재차 강조하여 마침내 촬영 허
락을 받았다. 4층으로 이루어진 건물을 촬영하기 위해 임공재 사진작가
와 조성진 연구원은 주변에 더 높은 건물을 찾아 사진 촬영을 시작했다.
우한 국민혁명군 팔로군 판사처는 국공합작의 산물이다. 팔로군은 이곳
을 통해 업무를 관장했었다. 판사처는 무선통신기를 설치하고 중국 공산
당의 지시를 전달하거나 정치·군사정보를 수집하였다. 또 왕래하는 당의
인원을 호송하거나 항일군대를 위한 군수물자를 수집·전달하는 업무도
맡았다. 이곳을 중심으로 활동했던 한낙연은 우리나라 사람들에게는 잘
알려지지 않은 인물이다. 하지만 중국 옌변조선족자치주 룽징(龍井)에는
한낙연 공원이 조성되어 있을 만큼 그는 중국 조선족을 대표하는 인물이
기도 하다.

　한낙연은 중국에서 활동한 미술가이다. 지린성(吉林省) 룽징에서 태어
나 1914년 즈음 미술을 공부하기 시작한 그는 룽징에서 3·1운동의 자

▲ 한낙연 동상

극을 받아 시위에 참여하였다.
이후 일제의 탄압을 피해 러시
아를 거쳐 상하이(上海)로 피신
하였고, 1923년 국민대표회의
가 열릴 때 창조파와 함께 활
동하였다. 1924년 2월에는 경
호대 경호위원으로 프랑스 조
계 및 공동조계에 거주하는 한

인들이 일본인들과 접촉하는 것을 감시하는 역할을 맡았다. 이 시기에 상하이미술전문학교에서 미술을 배웠다. 중국 공산당에 가입하고, 1929년 프랑스 리옹에서 미술공부를 하는 동안에도 프랑스 공산당에 입당하여 항일운동에 참여하였다. 그리하여 1937년 7월에는 『파리만보』 사진기자로 활동하며 일제의 중국침략을 폭로하는 기사를 쓰기도 했다.

1937년 중일전쟁이 일어나면서부터는 우한에서 동북항일구망총회(東北抗日救亡總會)를 조직해 항일운동에 나섰다. 동북항일구망총회는 우한 국민혁명군 팔로군 판사처를 책임지고 있던 주은래(周恩來)의 지도 하에 있었다. 한낙연은 이 단체에서 발행하는 잡지 『반공(反攻)』의 표지 설계와 미술편집을 담당했으며, 여기에 일제의 만행을 폭로하는 글을 발표했다. 또한 선전사업을 더욱 폭넓게 진행하기 위해 한커우(漢口)의 세관빌딩에 선전용 대형 유화를 걸어놓기도 했다.

이외에도 친중 외국 인사들과의 교섭을 통해 중국항전 지원사업 추진에도 나섰다. 우한에서 통일전선사업을 맡고 있던 그는 독립운동가들을 적극 도왔으며, 1938년 우한이 함락되자 그해 9월 충칭(重慶)으로 활동근거지를 옮겼다. 옆 건물에서 사진 촬영을 마치고 온 임공재 사진작가와 조성진 연구원의 얼굴에는 희열과 땀이 뒤범벅이었다. 건물 외부에 부착된 애국교육기지 표지판을 촬영한 임공재 사진작가는 본격적인 내부 촬영에 들어갔다. 한 시간 동안 이어진 촬영을 마치고, 일행은 이 사적지를 한국에서 최초로 촬영했다는 뿌듯함을 공유했다.

창사(長沙)에서 우한에 도착하자마자 두 곳의 사적지를 연일 조사한 우리는 밀려오는 허기를 달래기 위해 후난성의 특색음식인 위토우(魚 头) 요리를 먹기로 했다. 위토우는 중국의 민물고기로 한국에 없는 머 리 큰 고기이다. 우리가 먹게 될 요리는 이른바 50킬로그램 가까이 나 가는 용어(鱅魚)라 하는 물고기로 요리한 음식이다. 거칠게 간 생고추를 듬뿍 올리고 각종 소스로 끓여낸 요리는 한 점 한 점이 예술이었다. 거 하게 저녁을 마친 우리는 다가올 내일의 여정을 위해 숙소로 향했다.

걸출한 한인 청년들을
양성한 우한분교

2014년 8월 29일, 지금은 한국에서 잘 기억하지 않는 경술국치일 이른 아침이다. 더운 우한의 날씨를 듬뿍 온몸으로 체감하면 서 한국독립운동의 젊은 인재를 배출했던 중앙군사정치학교 우한분교를

▲ 중앙군사정치학교 우한분교 전경

▲ 중앙군사정치학교 우한분교

찾아 나섰다. 제2 황포군관학교로 불린 우한 분교는 무창구 해방로 259에 위치해 있었다. 햇볕이 없는데도 후텁지근했다. 입구에 도착하니 후난성 우한실험소학교 내에 있어 경비원에게 양해를 구하고 우한분교 건물에 들어섰다. 우한분교의 기록에서 한인 청년들의 활동상은 아래와 같다.

중앙군사정치학교 우한분교(武漢分校)는 '황포군관학교 우한분교'라고도 한다. 광저우에 있던 황포군관학교는 국민당 지배지역이 확대됨에 따라 각지에 분교를 세웠다. 광시(廣西)에 난닝분교(南寧分校), 후난(湖南)에 창사분교(長沙分校), 후베이(湖北)에 우한분교 등을 설치하였다. 우한분교는 1927년 2월 12일 양호서원에 설립되었다. 여기에 특별반이 설치되어 한국 학생들을 받아들였고 2백 명 가까운 한국 학생이 군사훈련을 받았다. 이들의 입교과정은 분명하지 않지만, 일부 학생들의 명단은 정치과와 포병과에서 확인되고 있다. 당시 우한에서는 국민혁명군으로 북벌전에 참가한 한인 장교들이 이들과 함께 유악한국혁명청년회(留鄂韓國革命靑年會)를 조직하였다. 그 회원명단에서 진공목(陳公木)·안동민(安東民) 등 우한분교 학생 24명이 밝혀졌다. 졸업 후 국민혁명군 제2 방면군 장발규(張發奎) 부대에 배치되어 우한봉기에 참여하였다.

건물로 들어서자 애국교육기지라는 큰 간판과 함께 카리스마 넘치는 수목들이 낯선 이방인을 맞아 주었다. 입간판 설명문을 자세히 보니 2005년 복원공사를 시작하여 2007년에 개관하였다는 사실을 명기하고 있었다. 특히 2013년 전국중점문물단위로 지정되었는데 한국의 예를 들면 국가에서 직접 관장하는 근대문화재 정도로 이해하면 될 것 같다. 그해 중국의 정치가이자 소설가인 곽말약의 자녀들이 방문하였다

는 사실도 전시하였다. 실험소학교 내에 있어서인지 간이 농구 경기장
도 있었다. 아이들은 보이지 않았지만 제법 정돈이 잘된 문화재였다.
임공재 사진 전문가는 규모가 제법 커서 전체를 찍으려면 주변의 큰 건
물을 찾아야 한다고 분주했다. 한참을 다녔지만 만족할 만한 장소를 찾
지 못했다. 이곳에도 한국의 젊은 청년들이 조국의 광복을 위해 자신들
을 단련시켰다는 사실을 알릴 수 있는 조그만 표지판이라도 부착했으
면 하는 작지만 소중한 꿈을 꾸면서 발길을 돌렸다.

독립운동가들의
옛 터전

　　　　　　　조선의용대 창설장소를 찾아 나섰다. 한국에서 조선의
용대 창설 사진을 보면 뒷 배경이 사찰이었다. 나이 든 중국인들을 통해
서 알아보려고 백방으로 노력했지만 허사였다. 허탈했다. 그만큼 쉽지 않
은 것이 잊혀진 역사의 공간을 발굴하고 복원하는 일이다. 이번 답사계획
때부터 약속된 것이 우한 대한민국총영사관을 방문하는 일이다. 약속된
시간은 오후 3시였는데, 그만 조선의용대 창설장소를 찾는 데 많은 시간
을 허비하는 탓에 오후 3시 40분에야 공관에 도착할 수 있었다. 당시 한
광섭 총영사는 한국독립운동에 큰 관심을 가지고 있었으며, 우한에서 전
개된 한국독립운동의 위상을 잘 알고 있었다. 총영사관 관계자와 간단한
티타임을 가졌다. 그 관계자는 중국 창사에 진출한 한국의 철강회사가 한
국독립운동관련 사적지에 대해 해마다 경비를 제공하고 싶다는 의사를

▲ 조선민족전선연맹 터

피력했다는 사실을 우리에게 전했다. 고맙고 감동스러운 일이다. 격한 감동의 이야기를 서로 주고받으면서 이번 답사의 여정과 목적을 설명했다. 어쩌면 저마다 독립군의 열기가 이 자리를 감싸고 있는 것은 아닌가 하는 착각에 빠질 만큼 진지했다. 벌써 한 시간 이상 공관의 업무를 마비(?)시켰다. 오늘은 답사 일주일 째다. 지칠만도 하여, 단장의 권한으로 일찍 철수하기로 했다.

후베이성 사람들은 매운 것을 아주 좋아한다. 오죽했으면, 음식이 맵지 않을까봐 두렵다고 하는 말이 생길 정도이다. 한국에는 없는 공심채라는 채소 요리로 저녁을 간단히 해결하고 내일 답사할 장소를 점검했다.

8월 30일 이른 아침, 호텔을 나와 조선민족전선연맹 본부로 차를 몰았다. 그곳은 1937년에 김원봉·김성숙·유자명이 결성한 단체로 주소가 813가 15호 였다. 당시에는 일본조계지였다. 1937년 7월 7일 이른바 노구교(蘆溝橋) 사건을 시작으로 전면적인 중일전쟁이 일어났다. 독립운동 진영에서는 중일전쟁을 지켜보면서 한국독립운동이 활성화될 수 있는 중요한 기회가 될 것이라고 판단하였다. 전 세계적으로도 반파시즘 통일전선이 확산되었으며 그에 영향을 받은 중국의 제2차 국공합작은 한국독립운동에 적지 않은 영향을 미치게 되었다. 이러한 객관적 정세는 독립운동진영의 협동전선운동에 유리하게 작용하였고, 또한 독립운동 진영 자체 내에서도 모든 역량을 결집해 효과적인 항일투쟁에 임하자는 요구가 대두되기 시작하였다. 그 결과 민족주의 우파세력은 한국광복운동단체연합회, 민족주의 좌파세력은 조선민족전선연맹을 결성하였다. 이로써 양측이 연합할 수 있는 조건이 형성되기에 이르렀다.

조선민족전선연맹은 1937년 11월 한커우(漢口, 지금의 우한으로 통합)에서 김원봉의 민족혁명당, 김성숙의 조선민족해방동맹, 유자명의 조선혁명자연맹의 세 단체가 단체본위 조직원칙에 의거하여 조직한 민족주의 좌파세력의 연합전선이었다. 조선민족전선연맹 결성과정에서 김성숙은 먼저 무정부주의자 유자명과 통일전선의 조직 방식에 대해 협의하였다. 이들이 조선민족전선연맹을 결성할 때, 단체본위 조직원칙에 합의하였다. 이는 세력이 약한 소단체의 특성상 강대한 조직과 연합하는 과정에서 자신들의 정체성을 유지하는 데 보다 유리하였기 때문이다. 반면 김원봉은 기존의 단체를 해체하고 개인본위 조직원칙에 의거한 강력한 단일당 구성을 주장하였다. 조선민족혁명당이라는 강력한 조직을 이끌고 있던 김원봉으로서는 자신의 주도하에 단체를 흡수하고자 하였다. 이에 대해 김성숙은 "우선 당은 함께 못하더라도 연합전선을 펴자"고 주장하였다. 김원봉으로서도 김구의 민족주의 우파계열이 한국광복운동단체연합회로 결집하여 세력을 갖추고 있었기 때문에 이와 대등한 좌파 연합체 결성이 시급한 실정이었다. 이와 같은 김성숙의 설득과 김원봉의 양보로 단체본위의 원칙에 의거한 조선민족전선연맹이 조직될 수 있었다.

조선민족전선연맹은 우한으로 이동한 후 사무소를 한커우 일본조계
813가(현재의 승리가) 15번지에 설치하였으며, 구성원들도 대부분 그곳에
서 합숙하였다. 그 무렵 조선민족혁명당의 김원봉·박차정(朴次貞) 부부,
조선청년전위동맹의 최창익·허정숙 부부, 조선민족해방동맹의 김성
숙·두군혜 부부, 조선혁명자연맹의 유자명·유칙충 부부 등은 모두 한
커우에서 생활하였다. 특별훈련반 조선대 졸업생들이 우한에 온 후, 조
선민족전선연맹 산하에는 2백 여 명에 가까운 조선혁명가들이 집결하
였다.

옛 대화가, 현재 승리가는 잘 정돈되어 있었다. 짝퉁 느낌의 서양식
건물이 들어서 있는 승리가는 차 두 대가 왕복할 정도의 거리였다. 조
선민족전선연맹 본부의 주소 15호를 찾았다. 다만 15호 건물은 없으며,
21호로 통합되어 있었다. 3층 규모의 건물이었다. 조선의용대 창설의
주역들은 무엇을 위해 왔을까. 주상복합형 건물로 2층에는 밖으로 길
게 뺀 대나무에 빨래를 걸어놓았다. 그 모습이 낯설게 다가왔다. 누구
도 와서 조사하지 않았던 곳, 그곳에서 역사를 만들어갔던 위대한 독립
운동가의 발자취를 기억해 본다.

한국광복군 활동지를
찾기 위한 여정의 시작

한국광복군 제3대,
그 역사의 시작으로(푸양)

　　　　8월 31일, 일행은 우한의 유명한 사적지인 황학루(黃鶴樓)를 못내 보지 못한 아쉬움을 뒤로 하고 아침 7시 35분 기차를 타고 12시경 푸양에 도착했다. 기차 안에서도 일행은 한국광복군 제3지대의 활동지인 안후이성 푸양(阜陽)과 린촨(臨川)에서 조사할 사적지를 점검했다. 한국광복군이 1940년 9월 17일 충칭에서 성립된 이후 조직의 개편이 몇 차례 진행되었으며, 푸양과 린촨에서 활동했던 제3지대는 중국에서 일본군과 가장 가까운 곳에 있었던 부대였다.

　푸양과 린촨을 답사하기 전에 이곳에서 활동했던 독립지사인 김우전 전 광복회장을 찾았다. 김우전 회장은 1922년생으로 현존하는 대표적인 한국광복군의 산증인이었다. 성남 분당에 거주하고 있는 김우전 회장은 당시에도 이미 90세가 훌쩍 지났는데도 건강하였다. 김우전 회장은 사진 몇 장과 자신이 조사했던 보고서를 보여주면서 이번에 독립기념관에서 추진하고 있는 실태조사의 성공을 기원한다며 나의 손을 힘껏 쥐었다. 그러면서 자신의 동지이자 독립투사였던 한성수의 안타까운 죽음과 일본의 비인간적인 태도에 비분강개했다. 그가 이토록 독립운동 공간의 역사를 되찾는 데 열정을 바치게 된 것은 해방 후 백범 김구와 함께 통일운동에 나섰기 때문일 것이다. 그의 손에서 온전한 통일에 대한 꿈이 그대로 전달되는 느낌이었다.[김우전 회장은 2019년 영면했음]

나 역시도 푸양을 본격적으로 조사하기 위해 이선자 부관장이 여러 해전부터 조사했던 내용을 숙지하면서 일행들과 함께 이번에는 한국광복군 제3지대 본부에 조그마한 기념표식이라도 설치해야 한다는 것을 재차 강조했다. 푸양 공항에 내려 수속을 마치고 나오니 한족 기사가 일행을 기다리고 있었다. 먼저 일행은 숙소로 향했다. 비가 와서 그런지 호텔 안은 에어컨이 나오는데도 불쾌한 습도였다. 짐을 풀고 먼저 찾아 나선 곳은 한국광복군 제3지대 성립 장소였다. 시간의 흐름상 한

▲ 한국광복군 분포도

▲ 한국광복군 제3지대 성립축하식

국광복군 간부훈련반이 설치되었던 린촨을 먼저 답사하는 것이 순서였으나 현재의 입장에서 교통사정 등을 고려하여 푸양의 한국광복군 제3지대 성립 장소부터 찾은 것이다.

1940년 9월 17일 한국광복군이 충칭에서 창건되고, 총사령부가 곧 시안으로 이동하여 1941년 3개 지대 1개 분처가 편성되었다. 1942년 2월에는 지대의 명칭을 징모분처라 하고 이때 징모처6분처가 창설되었는데, 이것이 광복군 제3지대의 전신이었다. 징모처6분처는 초모활동에 성과를 거두었다. 징모처6분처는 활동을 위해 시안을 떠나 산동으로 이동하려 하였으나 일제의 방해와 산동 방면의 상황이 불리하여 1943년 3월 푸양으로 진로를 바꾸어 본거지로 삼았다.

푸양은 일본군 점령지역과 근접해 있었고, 중국군 제10분교가 인접

▲ 김학규

해 있었다. 이에 일본군 점령지역을 대상으로 한 초모활동에 유리한 지점하였으며 중국군으로부터 협조가 가능하였다. 징모처6분처는 푸양을 중심으로 쉬저우(徐州)·꾸이더(歸德)·난징(南京) 등지에서 초모활동을 전개하였다. 특히 1944년이 되면서 징병 및 학병들이 중국전선으로 투입되자 이들은 일본군을 탈출하여 푸양으로 집결하고 있었다. 징모처6분처는 공작대원들이 초모해 온 인원들과 일본군을 탈출해 온 한인사병들을 위해서 한국광복군 훈련반을 설치하였고 일정한 교육과 훈련을 시켜 광복군에 편입되도록 하였다. 징모처6분처의 인원이 증가되면서 제3지대가 성립이 가능하게 되었다.

총사령 이청천은 이러한 상황을 군무부 및 통사부에 보고하면서 제3지대의 편성을 요청하였고 통사부에서는 1945년 3월 17일 제3지대의 편성을 승인하였다. 한광반의 졸업생 가운데 푸양에 잔류한 김국주·이동진·윤창호·배경진·한성수·김이호·변영근·김용호·윤영무·차약도·김우전·김규열 등이 제3지대 창설의 주역이었다. 이들은 본부 요원과 신입대원에 대한 교육과 훈련을 담당하였지만 대부분 적 점령지역으로 나가 초모공작을 전개하는 지하공작 대원으로 활동하였다. 그러나 당시 주임을 맡았던 김학규가 미군 OSS와의 합작문제로 여유가 없어 지대편성이 곧바로 이어지지는 못하였다. 김학규는 일찍이 신흥무관학교를 졸업하고 양세봉이 이끄는 조선혁명군에서 참모장직을 수행하고 한국광복군을 창설한 주역 중 하나였다. 이후 김학규와 충칭에 파견한 간부들이 도착하자 제3지대가 편성되었다. 총사령부 고급참모인 이복원을 부지대장으로, 엄홍섭을 정치지도원 겸 OSS훈련 책임자로, 박영준을 구대장으로 각각 임명하여 발령하였다. 제3지대는 1945년 6월 30일 푸양 중심지에 자리잡은 푸양극장(푸양시 인민극장)에서 성립전례식을 열었다.

32.90863N, 115.80725E

　　푸양시 인민가 인민서로 2번지에 위치한 옛 푸양극장 터의 위도와 경도이다. 이선자 부관장이 미리 조사했던 옛 푸양극장 터에 도착한 일행은 촬영을 위해 차를 다른 곳으로 이동시켰다. 이 극장에서 3지대원들은 '탈출기'라는 제목의 연극을 공연하기도 하였다. 오늘날 맨하탄이

▲ 한국광복군 제3지대 성립장소 푸양극장 자리

라는 술집으로 변한 푸양극장은 원형이 많이 훼손되었지만 1945년 6월의 뜨거운 함성이 그대로 들리는 듯했다. 입구에는 '마약을 멀리하고 생명을 아끼자'라는 빨간색의 현수막이 걸려 있었다. 내부로는 들어가지 못했지만 제3지대 성립전례식 때 대원들이 푸양극장 밖에서 기념촬영한 사진을 떠올리며 당시의 역사를 기억에서 소환하려고 임공재 사진작가는 열정적으로 카메라 셔터를 눌러댔다.

옛 푸양극장을 제대로 찍기 위해서 사람과 차가 지나가기를 기다렸다. 하지만 워낙 유동인구가 많은 곳이라 그 모습을 온전히 담아내기가 어려웠다. 이선자 부관장과 일행은 이곳에 푸양시와 협의하여 제대로 된 표지판이나 표지석이라도 설치하는 것이 후대의 책무가 아니겠는가라는 데 모두 동의했다. 하지만 현실은 녹록하지 않았다.

가끔 한국언론에도 보도되곤 했던 한국광복군 제3지대 성립장소에 대한 기념물 설치는 아직도 현재진행형이다. 일행은 푸양의 한국광복군 징모처6분처를 찾아 나섰다. 전날 비가 와서 그런지 비포장 도로에 온통 진흙 범벅이었다. 이선자 부관장이 미리 조사했다고는 하지만 다시 한 번 확인하기 위해 찾은 징모처6분처는 흔적을 찾을 수 없었으며, 주변 옛 도랑만이 늦게 찾은 후대들을 맞이하였다. 허탈하기도 했지만 욕심이 과했다는 생각도 들었다. 김우전 독립지사가 생각났다. 이곳에서 린촨을 오갔을 그의 열정에 다시 한 번 경외를 표했다. 푸양의 일정을 마치고 다시 호텔로 돌아왔는데, 호텔 방안 냄새가 너무 불편했다. 임시방편으로 임공재 사진작가의 도움을 받았다. 커피 가루를 방 안에 놓으니 한결 나아졌다. 푸양의 하루가 이렇게 저물었다.

한국광복군
훈련반에 가다

　　　　2014년 9월 1일 이른 아침, 일행을 태운 차는 푸양에서 한 시간 거리에 위치한 한국광복군 훈련반(약칭 한광반)이 있었던 공간으로 재빠르게 이동하기 시작했다. 2012년 이선자 부관장이 이미 한 번 조사한 적이 있기 때문에 한국광복군 제3지대 훈련 장소인 린촨소학교로 향했다. 지금 린촨제일중학교로 바뀐 곳에는 학병을 탈출하여 임시정부의 국군인 한국광복군에 몸담고자 했던 20대 앳된 청년들의 패기가 넘쳐나는 것 같았다.

　　33.06815N, 115.25196E

　린촨제일중학교의 위치다. 이곳은 한국광복군 훈련반이 임시적으로 훈련한 장소이다. 한국광복군 훈련반은 안후이성 푸양을 중심으로 활동하고 있던 징모처6분처에서 설치 운영한 '임시훈련소'이다. 한국광복군 징모처6분처는 푸양을 중심으로 초모활동을 전개하면서 많은 성과를 거두었다. 그 성과로 인해 한광반을 만들어 중국군 제 10전구 사령관 탕은백(湯恩伯)과 교섭한 결과 푸양 근처 린촨에 있는 중앙육군군관학교 제 10분교 간부 훈련반에 한광반을 특설하였다. 그리고 이곳에서 초모된 인원과 일본군에서 탈출한 학도병을 입교시켜 훈련시켰다. 한광반의 입교는 일시에 이루어진 것은 아니었다. 우선 푸양에 집결해 있는 인원부터 입교시켜 1944년 5월부터 교육과 훈련을 실시하였다. 그

▲ 린촨제일중학교

리고 이후 초모되거나 탈출한 인원들은 곧바로 린촨으로 데려와 추가로
입교시켰다. 대표적으로 장준하·김준엽 등의 학도병들이 그러한 경우
이다. 잠시 장준하의 『돌베개』에 나오는 린촨에서의 생활을 그려보자.

우리가 떠밀려 들어간 곳은 중국 중앙군관학교 린촨분교로서, 그 안에 한
국광복군 훈련반이 특별히 부설되어 있었다. 이 훈련반엔 김학규라는 분이
주임으로 있었으며, 이평산, 진경성이란 두 교관이 주임을 돕고 있었다. 약 4
개월 전에 설치되었다고 했다. 일군에 징병되어 중국 지역으로 파견 오는 한
국 청년들의 수가 많아진다는 정보를 입수하고 공작 계획이 수립되었고, 이
에 우리 임시정부와 광복군 총사령부로부터 명을 받은 김학규 씨가 안후이
성 푸양이란 곳에 주재하면서 약 1년 전부터 각종 공작을 폈으며, 탈출 학병
외에도 한국청년들을 모병하여 상당수가 되자 이곳 린촨 분교에 정식으로
군사훈련을 요청하여 특설한 것이 이 훈련반이었다. 그동안 한국청년은 80
여 명이나 집결하였다. 계속적인 모병 공작과 격증하는 탈출 학병으로 해서
훈련반은 열을 띠었다.(『돌베개』, 138~139쪽)

조국에 대한 열정 하나만을 가지고 일본군을 탈출했던 장준하를 비롯한 젊은 한국 청년들은 이곳 린촨에서 조국애를 담금질했다. 한국광복군 훈련반의 교육과 훈련은 주로 징모처6분처의 기간요원들에 의해 이루어졌다. 군사훈련은 중국군 교관과 중앙육군군관학교 출신의 징모처6분처 간부인 신송식을 교관으로 하여 실시되었고, 주로 도수훈련(徒手訓練)이 이루어졌다. 정신교육은 김학규를 비롯한 신송식·조편주·이평산 등이 담당하였다. 김학규는 한국독립운동사와 임시정부의 연혁 및 건국강령을, 사회주의 운동과 연관이 있던 이평산과 난징에서 일본동맹통신의 기자로 근무했던 조편주 등은 세계혁명사 및 항일투쟁정신과 민족의식을 고취하는 정신교육을 실시하였다. 한국광복군 훈련반에서의 교육은 1944년 5월 중순부터 11월까지 5개월에 걸쳐 진행되었고, 입교생 48명 전원이 졸업하였다. 이후 한국광복군 훈련반은 그 이유를 정확하게 파악하기는 어렵지만 폐쇄되었다. 이들은 한국광복군 훈련반을 졸업한 후, 모두 광복군에 편입되었다. 이들 중 36명은 광복군총사령부가 있는 충칭으로 향했고, 푸양에 잔류한 12명은 후일 광복군 제3지대의 창설에 바탕이 되었다. 전날 푸양에서 성립된 한국광복군 제3지대는 그렇게 탄생한 것이다.

이선자 부관장이 학교 측에 연락한 후, 일행은 빠르게 학교 운동장으로 향했다. 마치 이곳이 한광반의 훈련 장소 그대로인 착각이 들 정도였다. 정문에서 화단을 지나 과학관 뒤에 훈련반 숙소가 있다고 했다. 지금 학생 기숙사 옆의 공터가 당시 한국광복군들이 훈련한 후 지친 몸을 잠시 누일 수 있었던 숙소였다는 사실이 제대로 와닿지 않았다. 그

▲ 한국광복군 훈련반 제1기 졸업사진

들이 조국을 찾고자 훈련했던 숙소가 지금은 공터로 변했기 때문이다. 수십 년이 지나 찾은 곳에서 사치스러운 생각이다. 장준하의 표현처럼 한광반 전우들은 모두 모국어를 사용하니 마치 고국에 온 듯한 착각을 했다고 하였다. 그만큼 조국을 찾고자 하는 열의로 가득찼던 곳이었다.

▲ 왼쪽부터 노능서, 김준엽, 장준하

한광반의 훈련장소는 지금 린촨제 일중학교의 운동장이었다. 정문에서 과학관을 지나 오른쪽에 보이는 잔디 운동장이 그곳이다. 노천에 탁구대가 있는 것이 특이했다. 10개 정도의 농구대가 있었다. 한국에서는 보기 드문 장면이다. 임공재 선생은 인근 가장 높은 곳을 찾았다. 학교 전경을 찍기 위해서이다. 지금 독립기념관 사진실에 있는 사진들은 임공재 선생의 그러한 열정으로 탄생한 것들이다. 학교 관계자들에게 한광반 훈련 장소에 기념비를 설치하여 한중 애국주의 교육 장소로 활용할 것을 건의하였다. 2003년에 건립된 기념비가 철거된 상황 속에서 답사단이 할 수 있는 최선의 방안을 제시하였다. 좋은 의견이라고 하지만 언제 설립될지는 알 수 없다는 답변만 돌아왔다. 일행은 늦은 점심을 간단히 먹고 푸양으로 돌아와서 이번 답사에 대한 총정리를 했다. 답사는 길에 대한 예의라고도 했다. 하지만 무작정 길만 걸어서는 그곳에 스며들었던 선열들의 역사적 경험을 캐기란 쉽지 않다. 이번 답사 역시 준비를 하였지만, 정말 만족할 만한 성과를 거두었는지 자문해 보지 않을 수 없었다. 푸양과 린촨에서 젊음을 태워 조국을 밝히려 했던 독립운동가들의 열정이 지금 대한민국의 젊은이들에게도 전해지기를 기대해 본다.

저자약력

김주용

경기도 화성 출생
수원 수성고등학교, 동국대학교 사학과 졸업(문학박사)
독립기념관 책임연구위원(13년간 국외독립운동사적지 조사)
중국 연변대학 민족연구원 연구원
현재 원광대학교 한중관계연구원 교수
저서로 일제의 간도 경제침략과 한인사회(2008), 만주지역 친일
단체(2014), 역사를 따라걷다 1, 2, 3(2013~2016), 한국독립운동
과 만주(2018) 등이 있다.
독립운동사 연구의 외연을 확대하기 위해 디아스포라(이주, 이산),
밀정(스파이), 제노사이드(대학살) 등에 관심을 가지고 연구하고
있다.